ALQUIMIA DO CAOS

Editora Appris Ltda.
1.ª Edição - Copyright© 2021 dos autores
Direitos de Edição Reservados à Editora Appris Ltda.

Nenhuma parte desta obra poderá ser utilizada indevidamente, sem estar de acordo com a Lei nº 9.610/98. Se incorreções forem encontradas, serão de exclusiva responsabilidade de seus organizadores. Foi realizado o Depósito Legal na Fundação Biblioteca Nacional, de acordo com as Leis nos 10.994, de 14/12/2004, e 12.192, de 14/01/2010.

Catalogação na Fonte
Elaborado por: Josefina A. S. Guedes
Bibliotecária CRB 9/870

S729a 2021	Souza, Telma Aparecida de
	    Alquimia do caos / Telma Aparecida de Souza, Roberval Fernandes. - 1. ed. - Curitiba : Appris, 2021.
	    171 p. ; 23 cm. (Artêra)
	
	    ISBN 978-65-250-0146-3
	
	    1. Espiritualidade. 2. Religiosidade. 3. Ciência política. I. Fernandes, Roberval. II. Título. III. Série.
	
	    CDD – 306

Livro de acordo com a normalização técnica da ABNT

Appris
editora

Editora e Livraria Appris Ltda.
Av. Manoel Ribas, 2265 – Mercês
Curitiba/PR – CEP: 80810-002
Tel. (41) 3156 - 4731
www.editoraappris.com.br

Printed in Brazil
Impresso no Brasil

Telma Aparecida de Souza
Roberval Fernandes

ALQUIMIA DO CAOS

FICHA TÉCNICA

EDITORIAL	Augusto V. de A. Coelho
	Marli Caetano
	Sara C. de Andrade Coelho
COMITÊ EDITORIAL	Andréa Barbosa Gouveia (UFPR)
	Jacques de Lima Ferreira (UP)
	Marilda Aparecida Behrens (PUCPR)
	Ana El Achkar (UNIVERSO/RJ)
	Conrado Moreira Mendes (PUC-MG)
	Eliete Correia dos Santos (UEPB)
	Fabiano Santos (UERJ/IESP)
	Francinete Fernandes de Sousa (UEPB)
	Francisco Carlos Duarte (PUCPR)
	Francisco de Assis (Fiam-Faam, SP, Brasil)
	Juliana Reichert Assunção Tonelli (UEL)
	Maria Aparecida Barbosa (USP)
	Maria Helena Zamora (PUC-Rio)
	Maria Margarida de Andrade (Umack)
	Roque Ismael da Costa Güllich (UFFS)
	Toni Reis (UFPR)
	Valdomiro de Oliveira (UFPR)
	Valério Brusamolin (IFPR)
ASSESSORIA EDITORIAL	Evelin Louise Kolb
REVISÃO	Isabela do Vale Poncio
PRODUÇÃO EDITORIAL	Gabrielli Masi
DIAGRAMAÇÃO	Jhonny Alves dos Reis
CAPA	Sheila Alves
COMUNICAÇÃO	Carlos Eduardo Pereira
	Débora Nazário
	Kananda Ferreira
	Karla Pipolo Olegário
LIVRARIAS E EVENTOS	Estevão Misael
GERÊNCIA DE FINANÇAS	Selma Maria Fernandes do Valle
COORDENADORA COMERCIAL	Silvana Vicente

SUMÁRIO

A AMIZADE 7

UM PASSEIO PROFÍCUO 15
   O que ensina o Amor? 17

UMA AULA DIFERENTE OU UMA RELEITURA DE FATOS? 21
   Os símbolos 26
   A Alquimia 30
   A Arte 33

UM ATO TERRORISTA OU PARA ATERRORIZAR? 37
   Conspirações existem? 47
   [...] Desde o Antigo Testamento 56
   O que não se ensinou sobre a escravidão 58

INICIANDO O GRANDE DOMÍNIO 63
   A Religião judaica e o domínio 63
   Uma Escritura para dominar 78
   A Energia Vital 80

A CONSPIRAÇÃO JUDAICA 85
   Instituição do Pecado e a Culpa da Mulher 85
   Quanto mais incultos eram os homens, mais dominadas eram suas mulheres 86

A EVOLUÇÃO ESPIRITUAL É O CAMINHO 91
   As questões da Humanidade 93
   A Fé Cristã e Opus Dei 96
   A Democracia no Brasil e a ideia de liberdade deixada pelo cristianismo 99
   Os Alucinógenos Divinos 109
   A magia no Cristianismo 110
   O Intelectual e o Iniciado 116
   As outras Culturas não aceitas pelo judaísmo cristão 118
   Os Códigos de Honra 121
   Ecologia 129
   A Politica no Brasil 130

As Ingerências dos Estados Unidos. 133
Pedofilia na Igreja 134
A Arquitetura das Igrejas 135

A QUESTÃO DA TERRA NO BRASIL 139
VIDAS EM OUTRO PLANETA. 141
O Tempo 142
O instinto natural de Rebanho 148
CORRUPÇÃO NO BRASIL. 152
As leis brasileiras 154
Ainda as ingerências dos Estados Unidos 156
A criação das religiões judaico-cristã..163

DESPEDIDA E ÚLTIMAS PALAVRAS DO PROFESSOR................. 169
Últimas Palavras de Veralgor...170

A AMIZADE

Conheci Roberto desde quando éramos crianças, em Sorocaba, cidade do interior de São Paulo, sendo que nossa amizade se estendeu por todo esse tempo, embora muitas vezes ficássemos anos sem nos vermos.

A última vez que o vi foi no início do ano de 1996, porém por diversas vezes recebia um telefonema seu nas horas mais improváveis, oriundas dos locais mais díspares, sempre muito curtas e concisas, procurando saber como me encontrava e a seguir dizendo o que fazia e como estava.

Nosso personagem, Roberto, é filho de antiga família de espanhóis galegos, emigrados da Espanha no final da Guerra Civil, isso por parte de seu pai, e por parte de mãe, oito famílias de galegos vindos à época da conquista, mantidos quase puros ao longo de mais de quatro séculos, por casamentos entre pessoas do mesmo grupo, teve uma infância pobre, porém interessante do ponto de vista social e cultural.

Conviveu com os velhos da colônia, além de pessoas de outros grupos culturais e étnicos, emigrados de outros países.

Aprendeu ao longo de sua infância uma série de valores que hoje em dia estão desaparecidos, tais como noções de honra, dignidade, lealdade e outras que são consideradas como arcaicas, atrasadas e reacionárias.

Aprendeu a ver a verdade, não pela ótica da crença simples de que deve ser aceita em razão da credibilidade de quem a passa.

Seu velho avô, uma figura um tanto estranha, não tanto por sua história de vida, mas pelo modo como via as coisas e pelo poder que tinha sobre as outras pessoas, obrigou-o desde cedo a raciocinar sobre tudo que via, fossem notícias ou histórias lidas nos mais diversos livros, fossem de ficção, compêndios ou mesmo a bíblia. Divertia-se o fazendo analisar as notícias aparecidas nos jornais e revistas.

Faleceu no final de outubro do ano de 1980 com 92 anos, e era o homem mais tranquilo e sábio, enquanto, ao mesmo tempo, era o mais rebelde de todos que conheci.

Para Roberto que sempre o conheceu, desde sua pequenez, parecia-lhe um ser imutável.

Nunca lhe deu uma palavra amiga no sentido que nos é ensinado, porém sempre que precisou esteve presente e apresentava uma saída para o seu problema.

O velho sempre afirmava a quem quisesse ouvir que o homem tem dois estágios, um em que necessita reter uma carga de informações que se transformarão no conhecimento produzido pela humanidade, ao longo da história, e depois, a partir da sua reprogramação mental, permitir-se reconstruir esses conhecimentos. Para isso teria que desprezar quase tudo aquilo que veio a acumular nos anos de estudo.

Dizia sempre que a forma de entender o mundo nos era condicionada e era isso que tínhamos que desprezar procurando uma nova ótica para tudo aquilo que havíamos acumulado, um olhar a partir das próprias conclusões, não daquelas dos outros.

Segundo ele, toda a informação era como um vaso, com sua parte externa em todos os seus pontos, a parte interna também em todos os seus pontos e a seguir o fundo interno e externo, portanto a verdade tinha muitos pontos em que se apoiar, dependendo do ponto base da visão.

Toda vez que lhe chegava uma notícia qualquer, principalmente se estava em todos os jornais e ao final na televisão, fazia com Roberto exercícios para que conseguisse deduções diversas do que estava sendo batido nas chamadas dos meios de comunicação. Assisti a esses exercícios em muitas oportunidades e quase sempre se chegava a resultados muito estranhos e inesperados.

Fazia com que procurasse a **quem interessava que a notícia fosse entendida da forma como estava sendo posta.** Quase nunca punha em dúvida o fato em si, mas a forma como estava sendo entendida.

O velho brincava sempre afirmando que perdera o paraíso muito jovem, quando aprendeu a ver o que havia por trás de todas as informações que lhe chegavam, e que o paraíso só era guardado para os que nada sabem e aceitam tudo como lhes é colocado, aparecendo na bíblia como os pobres de espírito (*pauperes spiritu*) hoje traduzido como pobres em espírito.

Procurava passagens da bíblia, da história ou notícias que haviam chocado o mundo e induzia Roberto a analisá-las, instigando-o a uma ótica nova para o fato.

Ele definia a essa forma de análise como se fosse a **alquimia do caos**, já que segundo afirmava, toda a civilização se apoiava não em verdades puras, porém em mentiras com aparência de verdades.

Mais vale uma mentira contada um milhão de vezes, pois esta passa a ter o caráter de verdade, do que uma verdade contada uma só vez e que não tenha sido assimilada.

Brincava sempre afirmando que existia um anjo de bondade que regia as mentiras, fazendo com que os seres humanos comuns aceitassem as coisas mais absurdas como verdadeiras para não terem problemas de consciência e não precisarem pensar muito e um demônio maldoso e cruel que fazia com que algumas poucas pessoas pudessem ver o que havia atrás do que era jogado como verdade, induzindo-as a encontrar o que realmente havia ocorrido, trazendo-lhes inquietação e desgostos por não conseguir passar o fato real para seus semelhantes.

Possuía uma visão cosmogônica toda própria e que conseguia aclarar muitos pontos que a humanidade sempre se angustiou em entender, e isso de uma maneira simples, que mesmo podendo conter erros, poderiam ser compreendidos.

Interessante que o velho avô de Roberto nunca procurou fazer prosélitos, dedicando-se unicamente a mostrar ao neto as várias formas de se encarar o que era trazido como verdades absolutas.

Nos últimos tempos, eu e Roberto ficamos por quase dois anos sem nenhum contato, e repentinamente recebi, por meio de um mensageiro, um embrulho de papel pardo indicando que se tratava de algo importante que ele me enviava. O mensageiro afirmou que havia conhecido Roberto numa pequena cidade do Mato Grosso e como vinha para São Paulo, prontificou-se a entregar o pacote que me foi endereçado.

Abrindo o volume verifiquei que continha três envelopes com manuscritos. Analisando todo aquele material pude perceber que se tratava de apontamentos com um emaranhado de narrativas contadas por ele próprio, onde pedia que após a minha leitura destruísse os manuscritos, embora me autorizasse a copiá-los todos, corrigindo-os e que fizesse o que quisesse com o que daí resultasse.

Afirmou que se por um acaso escolhesse tentar publicá-los, não deveria fazê-lo sem um aviso aos leitores, conforme o que é apresentado a seguir:

"todos estes apontamentos não têm intenção maior do que apresentar, a quem os leia, outro modo de sentir a verdade, forçando a todos que deles tomarem conhecimento, uma nova forma de ver as coisas.

O mal da humanidade é aceitar a verdade como lhe é apresentada, desde que quem o faça se arrogue autoridade para tal, sejam eles, a igreja, o poder político vigente, as forças armadas dominantes ou cientistas conhecidos, não se preocupando em procurar detalhes que tenham passado despercebidos, que escondem uma outra alternativa da realidade.

A quem venha tomar conhecimento destes meus apontamentos, não tenho a intenção de ajudar a resolver os seus problemas, tanto quanto ao conhecimento de si mesmo como outro de ordem emocional, talvez até venha a criar problemas maiores, fazendo com que toda a visão de mundo a que está acostumado possa vir a sofrer alguma alteração muito grande, desestabilizando totalmente a visão global a que está acostumado.

No entanto, caso não venha a ser prejudicado pelo que leu, passará a ter uma nova forma de analisar o que lhe chega ao conhecimento, adquirindo uma visão global insuperável".

"é chegada a hora de se acordar o Dragão, pois ele sobrevive mesmo tendo sido tentada a sua morte pelos santos matadores de dragões da cultura judaico cristã, durante os últimos 2.000 anos".

"temos que mostrar as pessoas que elas precisam pensar sobre o modo como foram levadas a verem e aceitarem as verdades, já que somente assim estarão preparadas para poder encontrar a senha que obrigará o dragão a franquear a entrada da gruta do conhecimento, por ele guardada com tanto empenho".

Conforme podemos ver pelas anotações de Roberto, o local onde se passa o que vai narrar inicialmente se encontra em um hotel de beira de estrada no interior do Mato Grosso, numa noite tempestuosa. Temos a seguir a narrativa com suas próprias palavras:

"O quarto muito simples, composto de uma cama, um armário embutido, um pequeno criado mudo, uma televisão em preto e branco e um banheiro cuja porta estava situada ao fundo.

As luzes estão apagadas em razão do temporal, porém, o quarto apresentava uma iluminação insólita, com uma luz variando entre o branco puro e o verde jade, permitindo uma visão clara do interior do aposento.

Uma cena insólita na verdade, sentado sobre a cama, assustado com o clarão ao meu redor, tendo de um lado uma figura branca, quase transparente, sendo difícil definir-se se era homem ou mulher, que transmitia tranquilidade. Do outro lado outra figura, esta bem masculina, porém, mal formada, com os membros superiores muito longos em relação ao tronco, enquanto as pernas eram fortes, curtas e arqueadas, apresentando estranho apêndice ao final das costas que se abalançava vagarosamente, enquanto uma estranha luz verde era transmitida, misturando-se na zona de encontro com a luz branca expedida pela outra figura.

Pouco antes, acordado pelos trovões durante a tempestade, tentei acender a luz, porém, não havia eletricidade em razão da chuva.

Apercebi-me de uma mancha de luz muito branca que surgia no lado esquerdo da cama, não sendo possível determinar a sua origem, e vagarosamente foi se formando uma figura humana, alta, clara, quase transparente, com um rosto muito tranquilo e amigável, com uma sexualidade indefinível.

Procurei levantar-me e já ia sair correndo do quarto, quando o outro com um gesto imperioso, sem nada falar, obrigou-me a ficar no lugar.

Procurei saber quem seria o meu visitante, e este se apresentou como Malediel, o grande anjo de bondade que elaborando a verdade fazia com que os homens não se chocassem com as coisas da vida. Podia dizer que era o senhor da alegria e da paz.

Pedindo explicações sobre sua finalidade, o anjo começou tentando aclarar qual sua real habilidade. Afirmou que sua origem se prendia ao universo religioso zoroastriano, tendo sido adotado pela religião hebraica, e sua função era fazer com que as pessoas aceitassem o que ocorria no mundo, embora muitas vezes fosse obrigado a ocultar e distorcer certas realidades, para que elas fossem mais facilmente digeridas pela mente dos homens, e estes não viessem a enlouquecer. Fazia com que os homens tivessem fé e uma visão mais bonita da vida, já que a realidade é dura e nem todos podem suportá-la.

Quando estava iniciando suas explicações, começou a surgir uma luminosidade esverdeada, formando-se uma figura quase transparente, claramente masculina, de baixa estatura, com longos braços e grandes mãos, pernas curvas com grandes pés e uma longa cauda que não parava de se movimentar. Horrorizado tentei levantar-me tendo sido controlado pelas duas figuras.

Essa figura verde seria a mesma que me aparecera anteriormente quando procurava pistas e indícios da passagem do Coronel Fawcett pela Serra do Roncador no início do século XX. Na ocasião pensei que minha razão estaria variando, não tanto pelo cansaço como pelo insólito da região que estava visitando.

Durante as pesquisas, em escavações, esta figura verde me surgiu por diversas vezes, porém, de forma vaga, desvanecendo-se em seguida.

Havia esquecido dessa visão e quando retornei à civilização não tornou a aparecer até aquela noite.

O anjo Malediel apresentou o outro personagem, afirmando ser este Veralgor, o demônio da verdade, um ser cruel pela dureza de suas posições, embora justo, isto não podia negar. Era considerado cruel, já que não evitava que os homens sofressem com a crueza da vida. Ao contrário dele próprio, que não poupava a verdade, desde que essa viesse a trazer tristeza à humanidade, Veralgor nunca mentia, apresentando os fatos em toda a sua impiedade, doesse a quem doesse. Era o Senhor da Tristeza.

Enquanto era apresentado, Veralgor muito taciturno, ouvia o que era dito sobre sua pessoa e quando Malediel se calou, completou explicando que na realidade era uma das antigas divindades dos celtas, encarregado de manter a verdade no mundo mortal, tendo sido transformado em demônio pelos padres cristãos.

A partir desse encontro o relacionamento entre nós três desenvolveu-se.

Malediel se esforçava para esclarecer-me as razões de seu procedimento ao transmitir sua "realidade" para a humanidade, afirmando, mais vale uma mentira contada um milhão de vezes, sempre de forma detalhada e enfeitada, para que todos a aceitem, do que uma verdade cruel e seca, que os homens preferem ignorar. A mentira deve sempre ser calcada na verdade, sendo modificada apenas no seu essencial, com poucas variações, porém produzindo um resultado final completamente novo que guarda o contexto, mas não o sentido.

Toda a civilização ocidental foi construída sobre essa forma de apresentar o mundo, causando uma alteração imensa nos últimos dois mil anos, mudando completamente o relacionamento entre os seres humanos.

Se antes o relacionamento entre os homens parecia cruel, já que a base de toda vida se prendia na justiça pura e simples, com o advento do cristianismo, a base para tal relacionamento passou a ser a igualdade entre os homens e o amor ao próximo, sendo que na realidade esse propalado amor era somente entre os muito próximos, e a igualdade somente para os iguais, mas isso nunca importou, e sim o que se acreditava que estaria acontecendo, e com isso a vida das pessoas melhorava.

Veralgor ao contrário, afirmava que muito da crueldade que se pinta ter ocorrido anteriormente ao advento do cristianismo, era devido ao contado pelos historiadores da nova filosofia. Disse que anteriormente, mesmo entre os romanos, o conceito de justiça era a base de toda a sua civilização, sendo que estavam tão avançados nessa questão que até hoje os seus estatutos de direito ainda são utilizados.

UM PASSEIO PROFÍCUO

Acostumamo-nos a sair os três pelas ruas de São Paulo, ou então em viagem, sendo que as duas entidades procuravam me aclarar o seu modo de ver e sentir.

Tanto Malediel como Veralgor afirmavam que poderiam me iniciar no grande saber, cada um a seu modo, usando a sua especialidade, deixando bem claro que eu deveria verificar os dois lados de um mesmo fato, de onde poderia obter os resultados.

O demônio da verdade alertou-me que procuraria fazer esclarecimentos de tal forma que qualquer pessoa pudesse entender, muitas vezes sendo inclusive grosseiro, numa forma de ser claro e não deixar dúvidas sobre o que estava falando.

Os dois vultos esclareceram-me que não possuíam poderes suficientes para por si só praticar algum feito grandioso, isso também ocorrendo com qualquer entidade ou divindade, sendo necessária sempre a colaboração dos humanos.

Também pude perceber que somente eu podia ver como na realidade eram, já que as outras pessoas pareciam não perceber o quanto eram estranhos. Os dois, ao perceberem meu embaraço por essa situação, esclareceram que as demais pessoas pareciam totalmente normais, tanto nos sons de suas vozes como na indumentária, que sempre se adaptava ao ambiente em que estavam, sem nenhuma extravagância visível. Isso me causava surpresa e curiosidade, já que não sabia como eram vistos pelas outras pessoas; se pareciam homens ou mulheres, jovens ou velhos, se bem vestidos ou não, se com roupas discretas ou não. Diante dessa minha curiosidade, passaram a descrever o seu aspecto geral, antes que saíssemos para a rua.

Explicaram-me também que não seria necessário que usássemos os sons de nossas vozes, pois poderíamos simplesmente utilizar nossos pensamentos para a comunicação. Sendo que a conversação normal seria utilizada apenas quando estivéssemos a sós.

Ambos eram muito pacientes comigo, embora de forma um tanto professoral, fazendo-me sentir o mesmo de quando garoto na escola primária, espantando-me com os novos ensinamentos que recebia dos professores.

Costumavam usar os fatos mais banais e corriqueiros para me fazer pensar e algumas vezes distorciam totalmente a visão que eu pudesse ter de coisas circunstanciais.

Analisando o nome de cada um dos personagens que passaram a ser os meus companheiros cotidianos, notei que ambos tinham nomes compostos que traduziam a sua vocação.

Malediel teria seu nome originado em male+dit+el, ou seja, má +palavra+aquele, de onde temos "aquele que diz a má palavra" ou "aquele da má palavra". Veralgor, cujo nome poderia ser composto por vero + algo + gor ou vero + al + gor, ou seja, verdade + algo + portador, ou ainda verdade + aquele + portador, o que leva a "aquele que porta algo verdadeiro" ou ainda "aquele que porta a verdade".

Veralgor afirmou que o cérebro humano é preparado para aceitar qualquer tipo de informação desde muito cedo, primeiramente pelos pais, já que estes inocentemente passam o que consideram verdade, a seguir nas escolas, onde por ignorância ou má-fé, existe um programa a ser seguido. Normalmente não há interesse por parte dos seres humanos de questionar se mentira ou verdade, pois essa procura normalmente não traz lucros imediatos e lhe daria muito trabalho. Pensar é laborioso.

Aqueles raros que se dispõem a essa busca, normalmente já partem para esse questionamento com uma carga de ideias pré-concebidas e que foram cuidadosamente inculcadas e das quais não se livra, já que a mentira programada é um emaranhado que vai desde as informações mais banais até as concepções cósmicas. Os poucos que chegam ao limiar da mente onde habita a verdade, são obrigados a calar e os que rompem o silêncio, são acusados pela grande conjura como radicais, preconceituosos, existindo uma série de leis e impedimentos que não lhes permitem avançar.

Toda a programação mental, aparentemente inocente e banal, foi criada para permitir o domínio total do homem, mantendo-o dentro de um sistema de que tiram vantagem os mestres que conduzem os cartéis, sem que os que "pensam" ser poderosos tenham conhecimento. Existem épocas inteiras sem que exista um mestre vivo, porém o sistema é mantido, sendo levemente alterado apenas com o aparecimento de algum novo mentor, com ideias complementares novas.

Temos cérebros prodigiosos que não podem avançar, embora acreditem ter chegado a alguma verdade, pois o que lhes foi colocado na mente não permite que passem do ponto aonde chegaram, os seus condicionamentos mentais os impede.

Outros afirmam ter chegado à verdade, quando na realidade apenas atingiram a grande mentira, esta, preparada para parecer o saber supremo.

Nenhum deles consegue entender que tudo na natureza é simples, claro, uma ciência exata como a matemática e não intencional.

O que ensina o Amor?

Numa dessas vezes, caminhando pela cidade, estávamos em plena discussão sobre o amor, em todas as suas variações e para melhor ilustrar seus argumentos, observávamos o que víamos ao passar.

Vendo alguns casais cruzarem por nós, comentei como era tranquila a manifestação de carinho e atenção demonstrada entre os dois sexos.

Malediel acrescentou a coisa mais natural no mundo é que um homem e uma mulher se amem, após ter ocorrido a escolha, e isso acontece desde que o mundo é mundo. Continuando nossa caminhada passamos por alguns mendigos e vimos algumas senhoras oferecendo algumas roupas e outras fornecendo alguns lanches para que se alimentassem.

Malediel aproveitou e disse: isso é o que chamo de amor cristão, sendo uma das bases dessa religião, foi essa pregação constante que fez com que o mundo mudasse. Quando se fala sobre o amor, a primeira coisa que vem à mente é o que pode ocorrer entre o homem e a mulher, porém existem muitas variantes, e algumas delas muito mais importantes e que alteraram toda a filosofia do relacionamento entre os seres humanos em todo o planeta.

Veralgor contestou: aí é que está o engano. Amai-vos uns aos outros, ensinado pelo cristianismo, na verdade é uma pregação hipócrita, já que é ensinada apenas a palavra, destituída de todos os frutos como, a justiça, compreensão e tolerância, se deveria ensinar ame, porém, "sejais justos, compreendei-vos uns aos outros, tolerem-se e aceitem-se", o que poderia ter mudado realmente o mundo, tanto no relacionamento entre os seres humanos como com as outras espécies.

A pregação cristã deu origem às formas mais nefastas de protecionismo entre grupos, por não ter sido bem expressa e explicada. Logicamente que o homem amará seus iguais e próximos em detrimento dos outros, o que não ocorreria com o segundo ensinamento que não foi passado, já que este englobaria a todos e levaria a uma compreensão de todos com suas diferenças, fazendo com que os homens não tentassem gostar das pessoas, mas sim aceitá-las, tolerá-las e respeitando-as, goste ou não delas, estendendo essa forma de ver a todos os outros filhos e componentes da natureza. Da falta de justiça real e não de amor é que ocorrem todas as desigualdades entre os homens e a destruição de outras espécies, assim como a degradação da natureza. Quando cessou a perseguição religiosa iniciou-se esta outra pregação, a da justiça, que na verdade não faz parte do ensinamento cristão, e que até agora não surtiu muito efeito, em razão do tempo passado com a outra doutrinação.

Outro ensinamento "ame pai e mãe", também foi passado de forma falha, já que se deveria ter ensinado que os filhos são a continuidade de "pai e mãe" e embora indivíduos, são indivisíveis com relação a estes, já que os filhos são formados das células e dos genes dos próprios "pai e mãe". Como o ensinamento foi passado dando margem a interpretações falhas, há filhos que chegam ao ponto de revolta contra os pais, mesmo os "amando", porque a religião ou consciente coletivo os obriga, mas não honram nem fazem justiça, abandonando-os e desprezando-os, acreditando não ter nenhum compromisso com a outra parte de si, é muito comum ouvir pais dizerem que os filhos são uma parte deles, mais é muito raro, ouvir tal afirmação dos filhos. Aqui está a importância do sangue, já que há uma diferença entre filhos de sangue e os de criação. Estes últimos realmente só podem amar ou não a seus pais e mães de criação.

Deveria ter sido ensinado aos filhos a "herdar seu pai e mãe" e não "herdar de seu pai e mãe".

O amor entre homem e mulher é uma criação recente, levando em consideração que existiram civilizações, como as da Grécia antiga, em que a convivência entre o postulante a guerreiro e seu tutor se estreitava e a afetividade estabelecida motivava os guerreiros nas batalhas. Sendo assim, a pederastia influenciava na formação de um exército uno, fortalecido, e servia como base para as formações e estratégias de guerra duplas, que guerreavam bravamente durante as batalhas a fim de proteger seus parceiros, vencendo muitas batalhas e tornando-se uma tropa de elite. Assim, as relações pederastas não afetavam em nada a masculinidade dos soldados. Os homens eram capazes de amar, simultânea ou alternadamente, um rapaz e uma moça, não reconhecendo tais sentimentos como duas espécies de "desejos" e sim como algo proveniente de um apetite natural do coração do homem, uma atração única por aqueles que são "belos".

A atração entre os sexos, sempre existiu e sempre foi usada como forma de manipulação entre os que detêm o poder, quer seja entre pessoas do sexo diferente ou do mesmo sexo; como o que aconteceu com o advento do cristianismo, que transformou o sexo entre o homem e mulher como única forma possível de amor, condenando todas as outras ao inferno com a finalidade de manter a procriação e com ela a garantia da sua sobrevivência eterna.

Somente a partir de tempos recentes é que se iniciou o processo para que as pessoas de cada sexo fizessem a própria escolha a partir desse sentimento que é uma mistura de atração sexual com simpatia e empatia.

Após toda essa explanação, Veralgor aguardou que Malediel dissesse mais alguma coisa, porém este apenas comentou: com tudo isso que você falou, somente consegue tirar a beleza das coisas. Ao fazer seus comentários sobre o amor em suas diversas formas, Veralgor lembrou-me de meu velho avô e sua forma quase desumana de me mostrar o outro lado das coisas. Pareceu-me um tanto amargo e até cínico em seu modo de ver as coisas, porém não pude deixar de verificar que era preciso em suas afirmações.

Veralgor e Malediel me informaram que haviam discutido como poderiam me passar o conhecimento sobre a verdade, tendo chegado à conclusão de que teriam que começar com coisas bem fúteis e simples, assim como alguns ensinamentos totalmente vazios e distorcidos que nos passam na escola. Disseram que comentariam sobre as distorções notadas nas notícias do dia a dia, na história e uma análise de coisas bem vulgares, para mostrar até que ponto a verdade é alterada para se conseguir criar um modo de pensar uniforme e de interesse para os que manobram o mundo.

UMA AULA DIFERENTE OU UMA RELEITURA DE FATOS?

Ainda perguntei a Veralgor, se em todos esses casos existe essa distorção, isso também existe na história de nosso país?

Veralgor estendeu-se na história do Brasil: a mentira começa antes dos portugueses chegarem aqui. O Tratado de Tordesilhas foi feito antes da chegada de Cabral, já que o papa era português e a Ordem de Cristo exigiu sua parte dos impostos da Espanha.

Na verdade a América, como esse nome já era conhecido dos cristãos desde o ano 900 pelo menos, existindo registros no Vaticano da cobrança de dízimos das colônias aqui existentes. Sabe-se com certeza que os celtas e os bascos já a conheciam de muito antes. O nome América, não com essa grafia, é de origem celta e nada deve ao nome de Américo Vespúcio. O mesmo ocorria com o Brasil, que era conhecido como a terra de O'Brasil, uma espécie de jardim das delícias dos celtas. Quando Cabral veio ao Brasil já sabia o que ia encontrar, tendo vindo somente para tomar posse em nome da coroa portuguesa e a seguir continuou viagem para as Índias, não houve o desvio em razão do vento e não houve descoberta.

Novamente perguntei e quanto aos bandeirantes? Eram realmente homens rudes e sem nenhuma cultura, muito pobres e andando descalços como uma historiadora revisionista falou na televisão, ou usavam as roupas com que aparecem nos quadros? Sua atuação era apenas para a descoberta de ouro, numa demonstração de ganância insensata? Veralgor emendou, embora se fale de bandeirantes como todos os membros de uma bandeira, temos a lembrar de que este título se dava às cabeças das expedições. Na realidade eram guerreiros, todos da Ordem de Cristo, geralmente pequenos nobres, e vestiam-se como é apresentado nos quadros e desenhos. Quanto aos membros das expedições, apanhava-se o que havia disponível, e cada qual financiava por conta própria o que iria levar na viagem, então existiam desde pessoas com posses até miseráveis que viajavam descalços. O que importava era que existia uma hierarquia dura, uma lei severa e o chefe da expedição tinha direito de vida e morte. Quanto a serem incultos, não era o caso dos chefes, tanto que o Colégio de São Bento em São Paulo em sua origem, o mais antigo do país, foi fundado por Fernão Dias e Raposo Tavares era juiz em São Paulo. Todos eram membros da Ordem de Cristo.

Na nossa historiografia oficial, esses expedicionários são apresentados apenas como exploradores de ouro, cruéis e gananciosos, e que com isso fixaram nossas fronteiras, avançando inclusive em terras que pertenciam à Espanha. Na ânsia revisionista passaram a pintá-los como ignorantes, mestiços com índios, que mal falavam o português. Os dois extremos estão errados. Na realidade suas expedições tinham um fim determinado pela Ordem de Cristo e pelo rei de Portugal, sendo este sempre um Grão Mestre da Ordem, isso desde que os templários foram extintos e seus componentes passaram a pertencer a essa nova ordem que foi criada para abrigá-los, substituindo a anterior, tendo sido fixada em Tomar em Portugal. Eram obrigados a fazer relatórios para o rei e para a ordem, sendo o fim de suas expedições avançar sobre as terras incultas, procurar minas de metais preciosos, principalmente ouro e prata, e narrar sobre tudo que encontrassem.

Fato curioso, os brasileiros sabem sobre alguns heróis americanos da época da colonização, admirando-se de seus feitos, e desconhecem o quão valente e audacioso foram os bandeirantes. Veja o caso de Raposo Tavares, homem culto e corajoso, que saindo de São Paulo, desceu para o sul do país, tomou as missões dos jesuítas espanhóis, subiu até Assunção no Paraguai tomando-a, a seguir subiu até La Paz na Bolívia tomando-a, subiu até Lima no Peru tomando-a, e a seguir descendo pelo rio Marañon até que este apresentasse o nome de rio Amazonas e parando em Santarém, no atual Pará, desceu de navio para São Vicente e a seguir subindo a serra chegou em São Paulo. Esse trajeto levou três anos para ser executado e foi o mais longo périplo praticado por alguém, superando em muito o trajeto de Alexandre, o Grande, que era considerada a mais longa marcha praticada por um homem. Isso não é ensinado para os brasileiros.

Continuei a perguntar e sobre Tiradentes o que você me diz?

Veralgor me esclareceu aí está outra aleivosia. Na realidade a inconfidência mineira que se transmitiu como movimento de libertação, não o era e nunca foi, tratando-se apenas de uma rebeldia no pagamento de impostos, feito por burgueses endinheirados, que tinham muito a perder caso ocorresse uma verdadeira independência com relação a Portugal, cujos reis lhes haviam dado vantagens indevidas. Na realidade o Joaquim José da Silva Xavier, o Tiradentes, foi usado como bode expiatório, já que não pertencia ao círculo dos outros inconfidentes. Imagine nos dias de hoje um sargento querer dar ordens a um coronel num movimento qualquer, isso nunca seria aceito pelo oficial. Hoje o cargo de coronel já não tem a força de antigamente, naquela época um oficial com essa patente tinha direito de vida e morte com relação ao seu subordinado alferes ou sargento. Existe muita incongruência nessa história. Durante 200 anos essa história ficou esquecida, até que o exército brasileiro, que precisava de um patrono, lembrou-se do movimento e do personagem Tiradentes, adotando-o sem um exame mais sério sobre o caso. Tal personagem, se sua atuação fosse realmente a que conta a história, representava uma quebra na hierarquia militar, pois estaria comandando a elite da época e oficiais militares de patente superior, o que é inconcebível para a organização. Existe ainda a questão do nome do movimento, com dupla leitura, isto é, inconfidência pode ser tanto deslealdade, infidelidade, falta de fidelidade ou revelação de segredo confiado, que pode ser entendido como uma infidelidade com o reino português ou então falta de lealdade entre eles, tanto que resultou no que narra a história, com apenas um condenado e os outros mandados para uma colônia na África onde continuaram a exercer comércio.

Temos ainda a questão da figura de Tiradentes, que sendo desconhecida na época em que se adotou esse personagem, foi trabalhada sobre as imagens de Cristo, para atingir o subconsciente das pessoas que o aceitaram sem um exame mais sério. Interessado, indaguei, estou me lembrando de algo mais recente. O que você me diz quanto à famosa revolução redentora praticada pelos militares em 1964?

Veralgor ria muito quando falou, esta me faz rir tanto que não consigo me controlar só de olhar a sua expressão ao me fazer a pergunta. Realmente aí houve toda uma série de tolices, incompetência e inverdades, uma atrás da outra, a começar pelos motivos e a seguir pelo roteiro dos fatos. João Goulart era um presidente realmente inculto e incapaz, como alguns que os brasileiros adoram escolher e suas atitudes incomodavam aos militares, já que estes queriam que os movimentos populares fossem reprimidos duramente e parecia que o presidente era simpático com as manifestações. Acusaram João Goulart de ser favorável aos comunistas, esquecendo-se de que este era um estancieiro rico. Ocorre que a maioria dos oficiais envolvida nas conspirações para o golpe de Estado havia sido treinada nos Estados Unidos, e que recebiam orientações diretamente do Sr. John Foster Dulles, funcionário da CIA e embaixador no Brasil, que agia como todo bom americano, arvorando-se em conhecedor profundo da América Latina e em especial do Brasil (escreveu um livro intitulado *Anarquistas e Comunistas no Brasil*), porém mal sabia o que acontecia abaixo do Rio Grande (USA), portanto decidiram derrubar o presidente que assumira após a saída de Jânio Quadros. Os golpistas tinham como grande ideólogo o Coronel Golbery do Couto e Silva, conhecido pela maioria como General, um arrivista tido como intelectual, mas que na realidade se baseava nos pensamentos de Plínio Salgado (fundador do Integralismo Brasileiro) a quem considerava seu pai espiritual e nas ideias geopolíticas do nazismo alemão. A partida do golpe se deu quando o general Mourão Filho, um mineiro com graves problemas de baixa velocidade cerebral começou o deslocamento de tanques de Minas Gerais para o Rio de Janeiro, fazendo com que o fato saísse dos planos já decididos. Esse general, na época em que era Capitão, juntamente a outros, elaborou um documento chamado "Plano Cohen" que seria usado para enganar Getúlio Vargas, para que entrasse na guerra contra os alemães. Como o golpe se deu no dia primeiro do mês de abril de 1964, dia da mentira, tiveram que mudar a data para 31 de março, e puseram o peso da propaganda para que se esquecessem do dia exato do fato, o que seria motivo de riso nacional. A seguir decidiram-se por colocar como Presidente o Mal. Humberto de Alencar Castelo Branco, subserviente aos interesses americanos. Seguiu-se o Presidente Arthur da Costa e Silva, pouco dotado e de baixa intelectualidade, tanto que virou personagem de inúmeras piadas sobre a sua pouca "finesse". Como esse presidente teve uma morte precedida de longa doença, houve um intervalo governado por uma junta militar formada pelas três armas, que ficou nacionalmente conhecida após uma tirada cômica por parte do deputado Ulysses Guimarães que os definiu como os "três patetas". Depois veio o general Emílio Garrastazu Médici, linha dura, um dos mais cruéis governantes desse período. Seguiu-se o general Ernesto Geisel, também linha dura, homem da Dow Chemical, que vendo o que ocorria de desgaste das forças armadas, procurou conduzir o país para uma saída civil, o que deveria ser feito pelo general João Baptista Figueiredo, um homem que pouco sabia da vida a não ser montar a cavalo. O interessante é que esses militares, embora fossem ditadores, não tiveram a coragem de assim se declararem, preferindo dividir responsabilidades, alegando que eram presidentes de plantão, tanto que definiam a transmissão de poder como troca de guarda. Não possuíam nenhuma ideologia clara, embora seguissem a linha dos integralistas e tinham que obedecer aos americanos que os haviam treinado e colocado no poder. Hoje gritam que os americanos não tiveram nada com o seu golpe de Estado, porém a grande prova de que cumpriam ordens é que não houve um ditador e sim vários se sucedendo, com tempo fixo para cada um. Os militares sempre quiseram afirmar que não haviam sido colocados no poder pelos americanos, porém esqueceram-se de dizer que esse sistema adotado no Brasil foi instaurado na Argentina, com os presidentes de plantão, uma ditadura com mudança de rosto em um tempo certo, o que caracterizava que alguém por trás puxava os cordões dessas verdadeiras marionetes vivas. Outro ponto é que a doutrina de segurança nacional foi ensinada aos militares dos dois países nas academias militares americanas, principalmente no Panamá, onde estudaram e foram arregimentados para servir aos interesses daquele país.

Tiveram o poder absoluto nas mãos, com o controle da imprensa, do Congresso e de quase toda a sociedade.

Uma coisa que deveria causar medo a esse povo brasileiro de tão curta memória, é que os militares, sem a tecnologia da informática, dos telefones celulares e dos satélites controlaram esse país durante mais de 20 anos, e estes ficam com os dentes e as unhas coçando imaginando o que poderiam fazer com toda essa nova e sofisticada técnica, que lhes permitiria controlar a vida de cada cidadão, ainda mais que a população na sua imensa imbecilidade vive clamando para que os fardados assumam a segurança pública do país, como se estes fossem capazes de fazê-lo sem romperem com os direitos mínimos dos cidadãos.

O povo brasileiro esquece que militares na rua representam quebra da regularidade civil, e que para se partir para um golpe é apenas questão de um passo.

Indaguei e sobre o presidente Tancredo Neves, o que me diz?

Malediel falou entusiasmado esse homem era um verdadeiro democrata, preocupado com a volta a normalidade, mesmo doente empenhou-se em conseguir que o Brasil voltasse ao estado de direito.

Veralgor falou amargamente: o homem era um adepto do poder, mesmo que fosse do próximo, sempre esteve junto ao poder. Na época de Getúlio Vargas sempre esteve junto a ele. Quando na época de Juscelino ali estava o homem. Quando os militares tomaram o poder, ali estava o homem. Um verdadeiro camaleão ideológico, como se diz vulgarmente, "sempre esteve em cima do muro", ou como dizia um personagem criado por Dias Gomes, era um "murista juramentado", conseguia ficar bem com qualquer um que estivesse no poder. Não se sacrificou pelo bem do Brasil, e sim, quase colocou abaixo a chance de o país voltar à normalidade, escondendo que estava doente, já que seu sonho era ser o presidente e não queria abrir mão disso. Lembro-me de toda a campanha publicitária para mostrar que estava saudável. Lembro-me também de toda a manobra feita para provar que estava vivo, tendo sido fotografado já morto, ao lado de seus médicos, para fazer com que a data de sua morte caísse na data de Tiradentes, quando na realidade havia falecido na madrugada do dia 14 de abril. O repórter da Globo que fez toda a cobertura, o Brito, recebeu como recompensa pela sua lealdade a indicação para o governo do Rio Grande do Sul na eleição seguinte.

Os militares haviam aceitado a candidatura de Tancredo Neves já que era homem deles, tendo sido necessária a presença de outro elemento camaleão, originário do Maranhão, pessoa que não se importava com ideologia, desde que estivesse com quem mandava.

Os símbolos

Andando pelo centro velho da cidade de São Paulo, em vários pontos vimos sinais e símbolos, principalmente nas igrejas, o que fez com que eu levasse o assunto para esse ponto. Perguntei = Veralgor o que você pode me falar sobre sinais, signos e símbolos?

A humanidade sempre teve símbolos, signos, sinais e emblemas adotados desde a mais alta antiguidade, fazendo parte do inconsciente humano e outros adotados ao longo do tempo, para indicar os poderes naturais, sentimentos e ideologias. Os círculos e as cruzes são os símbolos mais antigos conhecidos. O círculo representa o próprio Universo em si. Quando desenhado com um ponto central, é a representação do Universo e a terra ao centro, quando não o próprio homem. O círculo apresentado com uma cruz em seu interior, cujos braços tocam o próprio círculo, é a representação do Universo organizado.

A cruz simples, ou seja, dois traços de mesmo comprimento cruzando-se bem ao centro, representam a divisão do universo em quatro elementos, ou seja, ar, fogo, terra e água. Isso é a representação da matéria estática. A cruz suástica, uma das mais antigas, é a representação do Universo em movimento. Dependendo do sentido de seu movimento pode ser chamada de destrógiro ou sinistrógiro, representando o bem ou o mal. Essa cruz foi adotada em todo o mundo desde a mais alta antiguidade, sendo encontrada na Índia, no Tibete, entre os Celtas, entre os Maias e Incas. O cristianismo adotou um símbolo interessante para representar a sua ideologia, constando de uma cruz com um homem pregado sobre ela. Isso representa o homem morto sobre a matéria para reviver espiritualmente. Note-se que na cruz cristã os dois traços não são exatamente do mesmo comprimento e não se cruzam bem ao centro. O traço horizontal cruza o vertical em dois terços do comprimento, e o cruzamento é feito a uma altura de um terço contado a partir do alto. Isso representa o homem com os braços abertos alçando a espiritualidade.

A cruz mais complexa é a céltica, representando o Universo em toda a sua essência, com relações espirituais, a divisão dos céus, distâncias relativas entre o sol, a terra e a lua.

Os judeus possuem três símbolos, sendo dois deles relacionados um ao outro, embora distintos, que é a estrela de David e o signo de Salomão. O primeiro simboliza a união do material em oposição ao espiritual, representado por uma estrela formada por dois triângulos invertidos um sobre o outro, entrelaçados, podendo ser interpretado também como a união entre o masculino e o feminino. Essa interpretação pode ser dada em razão do triangulo com o ápice para cima representar o masculino (lâmina, punhal, falo) e o com ápice invertido representar o feminino (taça, pélvis, útero). O segundo símbolo, o signo de Salomão, é o anterior cercado por um círculo, representando o espiritual e o material em relação ao Universo. O outro símbolo judaico é a Menorah, ou Candelabro de sete braços, sendo que o central é originário na própria haste do suporte e os outros são formados por três semicírculos de raios diferentes, colocados um sobre o outro presos à base central, em linha, em cujas pontas estão os suportes para as velas. Esse símbolo representa os sete dias da criação, os sete planetas, os sete céus e os potestades.

Um dos símbolos muito antigos, adotado por vários povos em épocas diversas, é o ovo, que representa também o universo e a própria vida. A cobra é outro símbolo adotado, representando o saber e o renascimento espiritual, assim como a vitalidade, por sua característica de trocar de pele. Uma das variantes mais complexas do símbolo da cobra é o Dragão, sendo seu significado alterado de acordo com a cor, sendo a mais usual a verde. Esse pode representar o saber ou então o conhecimento em toda a sua profundidade. Nas outras cores esse significado pode ser alterado por acréscimo de alguma outra qualidade.

Os cristãos quiseram fazer crer que o Dragão representava o demônio da maldade, por essa razão existem vários santos matadores de dragão. Na realidade, a Igreja Católica sempre fez questão de matar o Dragão para poder sobreviver, isto é, teve que matar o conhecimento e o saber, para poder se impor. Outros símbolos conhecidos desde eras foram os Deuses antigos, todos eles representando os poderes cósmicos, sentidos por toda a humanidade. Os antigos tinham conhecimento de que seus deuses eram símbolos desses poderes e nunca julgaram que estes apareciam e andavam entre os homens. Para eles bastava saber que tais poderes estavam presentes e afetavam a todos, e quando cultuavam tais divindades era no sentido de vibrar em harmonia com os poderes que representavam. Esses deuses eram representados por imagens, signos e cores, uma das mais complexas criações feitas até hoje, muito pouco compreendidas, tanto que os historiadores, em sua maioria, acreditam que esses povos imaginavam que esses deuses teriam algum dia corporificado. Apenas as religiões de origem judaica fizeram crer que tais poderes cósmicos se personificavam e andavam entre os homens, como é o caso do cristianismo que faz crer que teria descido a terra um homem de origem divina e que foi crucificado para salvar a humanidade. Evidentemente que essa representação é usurpada do culto de Osíris do Egito (o deus verde) com roupagens do culto de Mitra da Pérsia (o deus de luz), tendo sido o nome adotado para se assemelhar sonoramente com Esus, um dos deuses celtas, a fim de facilitar a aceitação na Europa.

Os símbolos fazem parte da memória genética da humanidade, tanto que apareceram de forma idêntica entre os povos mais afastados uns dos outros, em épocas que não podia ter havido influência entre si. Alguns símbolos são mais recentes, porém tão importantes como os anteriores, como é o caso da espada, onde num só desenho se representam poder, força, impacto e espiritualidade. Curioso, perguntei: já que foi dito sobre símbolos, signos e sinais, expliquem-me, Veralgor e Malediel, sobre a Bandeira do Brasil, suas cores e o que simboliza? E quanto à bandeira paulista?

Malediel disse com alegria: a bandeira brasileira é uma obra prima poética, já que suas cores representam os valores da terra, isto é, o verde das florestas, o azul anil do céu, o ouro das minas, as estrelas do céu.

Veralgor foi cínico: quase não consigo acreditar no que você está dizendo, Malediel. Na realidade, a República Brasileira nasceu em pleno positivismo, sendo, a bandeira, portanto, o símbolo de uma cronologia histórica e uma peça matemática, representando o pensamento dessa filosofia positiva.

As cores verde e amarela representam na realidade as casas reais portuguesas, Bragança e Bourbon, enquanto o azul veio a substituir o vermelho, já que essa cor representava a monarquia. O azul é a cor da burguesia que instaurou a República. Quanto às formas adotadas, o retângulo da própria bandeira, o losango e o redondo são formas geométricas básicas. Ocorre que tanto na dimensão dessas formas como na coloração, estão medidas exatas. A área do losango amarelo é exatamente a metade da área do retângulo verde, assim como a área da bola azul é exatamente a metade do losango. Quanto às cores, temos o amarelo ouro, o azul ciano e o branco, nas proporções referentes aos espaços ocupados e que são visíveis, que se misturando dão o tom de verde específico do retângulo. O dístico "ordem e progresso" é típico do positivismo, em seu tom afirmativo, donde deriva outra afirmação da época, ou seja, "ordem sem progresso é inútil e progresso sem ordem é falso".

Quanto à Bandeira Paulista, ouvi a historiadora, que falou sobre os bandeirantes andarem descalços, afirmar de forma completamente alienada da verdade, afirmando que esta seria uma cópia da bandeira americana, apenas alterando-se as cores.

Na realidade a referida historiadora esqueceu-se de que o único povo da América que adquiriu o apodo de Bandeirante foi o Paulista, isso bem antes que quaisquer outros nas Américas adotassem uma bandeira própria e isso se deveu a uma razão muito simples, suas expedições eram precedidas por uma Bandeira, e esta era a da Ordem de Cristo.

Se a referida historiadora, na realidade, tivesse se dado ao trabalho de estudar um pouco sobre heráldica, veria que a Bandeira de representação da Ordem de Cristo era a que possuía a Cruz, enquanto a de combate era a mesma utilizada pelos Templários, ou seja, quando alongada, na forma de língua de dragão, bipartida, era dividida exatamente ao meio em seu longo, com as cores preta e branca, representativas dos extremos opostos. Quando retangular era composta por sete listas negras e seis brancas. O número 13 é altamente simbólico, possuindo características iniciáticas. Essas cores eram utilizadas em razão de poderem ser vistas ao longe em qualquer terreno. Tanto os Templários como a Ordem de Cristo, sua sucessora, utilizavam as três cores, branca, preta e vermelha, por se tratarem das cores simbólicas da Grande Obra alquímica, como é sabido pelos que conhecem a história das cores. Na bandeira de São Paulo, já como região administrativa, adotou-se a bandeira de combate da Ordem de Cristo, acrescentando-se um campo quadrado em cor vermelha, esta também pertencente à Ordem, coroando-se já em tempos mais recentes com um círculo branco onde se encontra o mapa do Brasil em cor azul, sendo essa cor o símbolo da República, do povo e da crença no futuro. Quando ocorreu a Revolução Constitucionalista de 1932, acrescentaram quatro estrelas em amarelo, simbolizando o movimento MMDC, iniciais dos nomes dos quatro primeiros mortos na luta, Mário, Miragaia, Dráusio e Camargo. Foi colocado o amarelo para simbolizar que a Grande Obra já estava completa, tendo sido aberto o ovo filosofal. Na bandeira da cidade de São Paulo também temos uma obra prima heráldica, em que vemos a cruz da Ordem de Cristo com o braço esquerdo mais longo, simbolizando a fé ter sido trazida pelo oceano, e no centro um braço de armadura simbolizando a força dos cavaleiros na ocupação do novo território, e o dístico em latim "Non ducors, duco", isto é, "não sou conduzido, conduzo".

Quanto à bandeira americana, foram adotadas as mesmas 13 listas, não em razão das 13 colônias, mas sim por se tratar de um número iniciático, com as cores advindas do reino inglês. A bandeira americana foi imposta pela maçonaria, que estava na base da sua Independência.

A Alquimia

Lendo uma notícia sobre importante descoberta na área da química, comentei como era interessante que tais pesquisas tenham começado de forma tão empírica, com muita pobreza de materiais, em rudes laboratórios pelos alquimistas.

Sempre ouvi dizer que os alquimistas consumiam suas vidas numa busca doentia pela Pedra Filosofal e numa tentativa de transmutação da matéria vil em ouro. Será que isso é a realidade?

Malediel contrapôs: se não fosse pela ganância dos alquimistas, que queriam transformar chumbo em ouro, além de tentarem a imortalidade com a pedra filosofal, não teríamos alcançado um avanço tão notável na química. Veralgor sorrindo explanou: sempre se ensinou nas escolas que a alquimia era a forma primitiva da química, tendo dado origem a esta ciência. Na verdade o estudo da química sempre existiu nada tendo a ver com a Alquimia, embora muitas vezes se entrelaçassem, esta era o desenvolvimento espiritual do buscador, com seus métodos de procura da pedra filosofal, na verdade um embuste dos praticantes para enganar os curiosos e a própria Igreja que via em tudo acordos demoníacos, procuravam alcançar o limite da espiritualidade do homem, principalmente a paciência e a observação do mundo interior. Para poderem trabalhar em paz, já que a Igreja era uma perseguidora tenaz, inventavam mentiras quanto ao real motivo de seu empenho. Para poderem se sustentar e adquirir o respeito da comunidade onde viviam, efetuavam algumas pesquisas químicas, principalmente com intenções médicas. Os Alquimistas eram os detentores de um saber muito antigo e que havia se deteriorado. Numa sociedade onde imperava o medo, a superstição e a ignorância, os alquimistas utilizavam-se de truques para impor respeito. Durante suas pesquisas chegaram a avançar alguns pontos sobre a medicina como o fizeram Paracelso ou o próprio Nostradamus, grandes alquimistas.

Conhecida como Ars Magna (Grande Arte), uma das grandes buscas dos alquimistas era a água mater, ou elixir da longevidade, sendo que para tanto praticavam o cozimento da água sob pressão passando por tubos capilares. Pelo que se saiba não conseguiram chegar ao intento de criar essa água alterada ou anormal, sendo que isso somente foi possível em laboratórios modernos, e em mínima quantidade, tendo recebido o nome de polywater.

Quanto à pedra filosofal procuravam criar o ovo filosófico utilizando-se o mercúrio e o enxofre, mediante a fórmula VITRIOL (Visita Interiora Terrae Rectificando Inveniaes Ocultum Lapidem), ou seja, "Visita as partes interiores da terra, e, por retificação, encontrarás a Pedra oculta". Após cozimentos sem fim, nos quais primeiramente se obtém a obra em negro, conhecida como fase da putrefação, simbolizada pelo Corvo, a seguir se atinge a obra em branco, conhecida como fase da Ressurreição, simbolizada pelo Cisne e a seguir finalizando com a obra em vermelho, conhecida como fase da Rubificação, simbolizada pela Fênix.

Essas três cores eram encontradas nas bandeiras de todas as ordens de cavalaria, principalmente entre os Templários e seus sucessores, a Ordem de Cristo. Mas os alquimistas durante seus estudos chegaram a grandes segredos, por exemplo, sabiam mais sobre o câncer do que os médicos de hoje, apenas não tinham meios de impedir que este se manifestasse, hoje possuem os meios, mas não a vontade, já que havendo interesses econômicos, preferem o tratamento da doença já avançada, ao invés de sua contenção real. Segundo o saber antigo, a proliferação de células sem controle seria uma reminiscência da capacidade de nosso corpo animal de se regenerar, e toda vez que o corpo se julgue avariado existe uma tentativa de consertar o dano sofrido, isso em razão do "estresse" físico ou mental, principalmente este último, um comando é dado erroneamente, e transmitido por meio de certas enzimas, e como não há dano físico real, ocorre um acúmulo de células inúteis que vão formar um tumor, que necrosado por sua inutilidade, irá envenenar o corpo. Existe também o fator econômico envolvido, já que muito se diz que quem encontrar a cura para o câncer se tornará multimilionário e famoso, porém muitos são os que lucram com o tratamento errôneo e desumano que é concedido às vítimas dessa doença. Malediel comentou irônico: como você quer que as pessoas comuns entendam isso tudo, ainda mais sobre o que você disse sobre a alquimia e os alquimistas, que nunca foi aceito pela igreja.

Melhor é ficar com a minha explicação, muito mais simples.

Interessado, perguntei: os alquimistas tiveram a oportunidade de estudarem outras doenças? Malediel tentou mudar de curso: o médico não pode ser confundido com esses indivíduos com mente distorcida e tresloucada que eram os alquimistas, já que o médico possui uma tarefa divina.

Veralgor continuou: para a Igreja e os médicos reprodutores dos pensamentos dominantes, o ser humano era sempre atingido por moléstias causadas por demônios que teriam entrado em seu corpo e o tratamento era feito por meio de sangrias e rituais religiosos, isso até muito recentemente.

Para os grandes alquimistas o homem podia ser atingido basicamente por dois tipos de doenças: uma por contágio por corpúsculos vivos (bactérias ou vírus) e outra por entrar numa condição mental ou física de desgaste, conhecida como "estresse". Nesse segundo caso estaria o câncer em qualquer de suas manifestações, as doenças psicológicas e a loucura. Aliás, a medicina tradicional era considerada uma arte e os modernos julgando terem avançado muito, deixaram de praticar a grande arte de curar, passaram a ser, na realidade, técnicos na cura, perdendo a parte filosófica dessa prática. Fiquei interessado pelas explicações de Veralgor no tocante à alquimia, que era um assunto quase totalmente desconhecido para mim, assim como algumas definições sobre a grande obra e a Pedra Filosofal.

Outro ponto que me pareceu de interesse foi a explanação sobre o câncer, muito clara e lógica, que veio a confirmar muitas das impressões que tinha sobre a doença.

Muito dura foi sua dissertação sobre a atuação moderna dos médicos e os métodos de cura. Veralgor continuou: ocorre que a doença não pode ser curada entre os diversos povos com o mesmo remédio, já que esta é influenciada por fatores culturais e psicológicos. No Brasil nós temos uma coexistência entre diversos níveis de cultura, com várias raízes raciais e tradições étnicas, o que leva a resultados diversos para o tratamento de uma mesma doença.

O médico comum que trata as doenças por meios medicamentosos deve, acima de tudo, conhecer história e filosofia, ou melhor, a psicologia de seu cliente.

Hoje a maioria dos médicos é apenas um receitador de remédios, não sabendo nem mesmo entender os sintomas que o paciente apresenta, necessitando em tudo das leituras dos resultados dos exames, feitos pelos técnicos que operam os instrumentos de teste para os quais os pacientes são encaminhados. Apenas o cirurgião pode ser um técnico, já que este, em síntese, por mais delicada seja a sua cirurgia, na realidade é um perito na máquina humana, do corpo, sem envolvimento do psiquismo do paciente. Isso só se fará presente novamente na recuperação. Infelizmente hoje, exemplos como o de Nostradamus e de Paracelso, que como médicos cobravam apenas dos endinheirados, não mais existe. Quantos médicos atendem mesmo em situações de urgência, apenas se os pacientes tiverem com que pagar. Outros se envolvem em venda de órgãos, mesmo sabendo que seus pacientes ainda não morreram. Outros se prestam a retirar órgãos de pessoas que passam pelos hospitais públicos para um pequeno tratamento, e quando saem descobrem que estão sem um rim. Os menos criminosos, mas nem por isso deixam de sê-lo, encaminham seus pacientes para exames em laboratórios com os quais mantém convênio, recebendo porcentagem dos valores pagos pelos exames exigidos ou então são proprietários dos próprios laboratórios. Outros praticam o que chamam de meia cura, isto é, fazem com que os pacientes melhorem, porém não os curam, criando o que chamam de bola de neve, isto é, o paciente não retornará, porém procurará outro médico, que por sua vez também terá participado dessa bola de neve e criado outro paciente para outro médico. Isso também é comum entre os dentistas, sendo que estes tratam os dentes de um paciente de forma magnífica, porém dão um pequeno ponto num dente são, para que, algum tempo depois o paciente necessite novamente de um dentista. Se não voltar ao mesmo profissional, irá para outro, ele também participante do sistema.

A Arte

Para mim, no início causava certo pavor a presença das duas criaturas enevoadas, finalmente acostumei-me com a sua presença e já me divertia vendo o antagonismo amigável que existia entre elas, e sempre que podia procurava causar alguma discussão, aproveitando para adquirir alguma informação contraposta, de uma forma que me lembrava em muito a maneira de meu velho avô pensar. Para tanto, aproveitando-me de uma das muitas exposições de arte que ocorriam na cidade, uma mostra de arte renascentista, comentei todo enlevado: isso sim é pintura, verdadeira arte!

Malediel fez sua interpolação: na Renascença surgiu a maioria dos grandes artistas respeitados até hoje, que inclusive criaram técnicas tanto no desenho como na aplicação das cores, com uma criatividade nunca vista, sempre prontos a venerar a Deus e seus santos, tanto que foram patrocinados pela Igreja.

Veralgor afirmou: durante centenas de anos a Arte pouco se diferenciou, mantendo-se dentro de um padrão quase sem alterações, tanto a pictórica como as outras, levando-nos a crer que toda a criação verdadeira era impedida. Visitamos museus e confundimos repetição com arte apenas por serem produto de tempos recuados e por terem sido produzidos por pessoas consideradas como grandes artistas pela história, quando na verdade eram grandes artesãos e copiadores, imitando-se uns aos outros sem nenhum pudor. Na realidade eram homens que conheciam as técnicas, porém pouca criatividade possuíam, e ao longo de suas vidas não produziram mais que uma ou duas obras que podem ser chamadas como "Arte". Eram cortesãos, oportunistas, protegidos pelos poderosos da época, que mantinham o ofício de "artistas" para poderem ficar junto aos seus Mecenas. Quando ocorria de caírem em desgraça, de imediato partiam em procura de outro protetor. A arte real, na verdade, somente pode ser tomada como tal quando envolve criatividade, exclusividade e liberdade de criação. Quando os temas são restritos, o modo de apresentação segue métodos que não podem ser quebrados, a técnica é a mesma de outros, no máximo podemos dizer que são ótimas peças de artesanato. Não podemos negar que algumas dessas peças expostas em museu possuam originalidade, e que os famosos nomes citados não tenham em algum momento dado vazas a um grande talento artístico, porém ao longo de suas vidas produziram uma ou duas peças realmente de arte, no geral era apenas produção artesanal. A imposição que a Igreja efetuou sobre a arte ao longo de quase 1.500 anos, aproximadamente, pode ser medida tomando-se como comparação o que ocorreu nos países comunistas, em que se empregou o mesmo sistema de controle da criatividade. Do mesmo mal, derivado da imposição sacerdotal, sofreu a evolução artística na Mesopotâmia e no Egito. Pior ainda ocorreu no Judaísmo, os quais por ordem divina, não se podia desenhar nenhuma forma viva, pois, a criação era atividade exclusiva da Divindade, sendo proibida aos homens. A arte somente pôde ser produzida a partir do momento em que se liberaram os temas, as técnicas e a forma de apresentação.

Nos outros campos artísticos ocorreu o mesmo. A música somente passou a criar obras de arte quando deixou de sofrer as imposições da Igreja e dos modismos. A quantidade de músicas, ao longo dos séculos, que não passam de imitações com variantes umas das outras é imensa. Poucos na realidade podem ser considerados criadores de arte. O teatro, desde os tempos da Grécia, também sofreu do mesmo mal, havendo apenas variações sobre um mesmo tema, sem nada de novo ser criado. Muito artesanato teatral foi produzido nos três últimos milênios.

Malediel interpôs: você quer dizer que a Igreja Católica cerceou as manifestações artísticas, acredito que isto é um contrassenso, já que ela foi a grande protetora dos artistas. Veralgor irônico: ou você é realmente um anjo puro ou um cínico contumaz, pois, a Igreja somente protegeu os seus apaniguados, desde que estes fizessem desenhos de acordo com o que a própria Igreja impunha, com os mesmos temas repetidos incontáveis vezes. Interessado, afirmei: mas a Arte sempre é bela. Malediel disposto a provocar a outra figura: a contragosto do nosso amigo Veralgor, mesmo que ele não considere a maioria dos artistas do Renascimento, eles mudaram o conceito de arte e de beleza. Veralgor, com ar de enfado pensou um pouco, esfumando e a seguir continuou: sempre se imagina que o sentido de beleza é absoluto, que o que é belo é belo, não importando a época ou local. Puro engano. O sentido de beleza é a coisa mais relativa que existe, dependendo principalmente de certos condicionamentos culturais. O que é belo para uns pode ser de uma imensa feiura para outros. Nossas mulheres atuais de corpos torneados e sinuosos são consideradas horríveis e desnutridas para os nômades do deserto e povos do extremo oriente. Quadros considerados de extrema beleza para nós podem ser tomados por garatujas e lixo por povos do Himalaia. Houve realmente uma mudança do conceito de arte e beleza na Renascença, mas isso não quer dizer que passaram a fazer algo mais belo, e sim provocaram uma mudança filosófica sobre a percepção do que seria a beleza até então adotada, influenciando até os dias de hoje; e isso não aconteceu principalmente na religião. Veralgor muito sério afirmou que logo mais iria falar sobre a grande Conspiração Mundial, que não era somente política, mas também Cultural, e que para tanto teria que falar sobre os judeus e o fez com as seguintes palavras: – *"Todos os povos, quando massa, são igualmente controláveis, porém, como indivíduos são pessoas dotadas de bons sentimentos e intenções, existindo, portanto, homens e mulheres maravilhosos. Quando me refiro a um povo, o faço sobretudo com relação à filosofia de seus líderes e mestres, que irá criar o sentido de rebanho e permeará o inconsciente desse povo, fazendo com que adotem uma postura e ações que individualmente não tomariam, isto ao longo de grandes períodos, e muitas vezes por séculos e até milênios".*

"Estou alertando sobre isto para que pessoas mal intencionadas não venham a tomar quaisquer afirmações como racismo ou preconceito, com intenção de prejudicar pessoas por pertencerem a este ou aquele povo. Estou afirmando sobre verdades incontestáveis e que não podem ser impedidas por hipocrisias ou condutas de bloqueio mentais".

Veralgor continuou: outro ponto que quero lembrar é sobre a visão que os partidários das religiões judaico-cristãs passaram de pai para filho sobre todas as outras religiões. Fazendo crer que o judaísmo, o cristianismo e o islamismo, todas de uma só raiz, seriam as mais espiritualizadas, pois creriam num só Deus, o que é totalmente abusivo, já que isso levou simplesmente a uma conduta de menosprezo para com os outros povos que acreditavam, de forma altamente espiritualizada, nas manifestações diversas do Grande espírito do Universo. Tais povos elegeram símbolos para seus deuses, por meio de imagens antropomórficas, zoomórficas ou mistas, metade humano e metade animais, porém nunca acreditando que tais seres tivessem vivido.

Os estudiosos e filósofos oriundos da cultura judaica, judaico-cristã e judaico-islâmica, em sua cegueira intelectual, por pensarem em Deuses que se manifestam por palavras e gestos com os homens, andando pela terra, não conseguem entender a profundidade da percepção dos outros povos e na sua incapacidade, consideram os outros como ignorantes e crentes em superstições tolas, passando tais considerações para os ensinamentos de nossa cultura.

As três grandes religiões distinguiram o Criador da Criatura e arrogaram-se a prerrogativa de que poderiam se comunicar diretamente com esse criador, sem terem noção da magnitude do próprio Universo, passando a crer que a Terra fosse o centro do Cosmos e o homem a própria imagem do Deus.

UM ATO TERRORISTA OU PARA ATERRORIZAR?

No dia 11 de setembro de 2001, aconteceu o atentado que chocou o mundo.

Comentei: como foi possível terem feito uma maluquice daquela?

Malediel afirmou: os Estados Unidos sempre foram um alvo cobiçado para todos os terroristas do mundo, e quero perder as penas de minhas asas se isso não foi obra dos malucos suicidas muçulmanos.

Veralgor argumentou: foi obra de radicais internos dos Estados Unidos

Acredito que você tenha muita ingenuidade ou então preguiça mental. Acompanhe a minha linha de raciocínio. Procurei atiçar a discussão: mas os serviços de segurança americanos, na época descobriram muitos indícios da autoria dos atentados, isso não se pode negar.

Veralgor: no dia a dia as notícias foram trabalhadas para criar um conceito e para a manipulação mental das pessoas. Para tanto vou procurar fazer uma ilação ao longo do tempo. Vocês lembram o que ocorreu nos Estados Unidos nos meses que precederam aos atentados? Afirmei: temos uma noção de todos os fatos que ocorreram em todo ano de 2000 e 2001.

Veralgor completou: pois é, voltemos no tempo para esse período, então acompanhem comigo. Nas últimas eleições presidenciais dos Estados Unidos, num dos espetáculos mais deprimentes da história daquele país, tiveram a escolha duvidosa de George Walker Bush, membro de duas organizações de extrema direita e pessoa mal dotada psicologicamente, portador de dislexia. Estranhas forças o apoiaram nessa eleição cheirando a fraude, onde até urnas foram jogadas em lixeiras. Concordam comigo?

Sim, respondi em coro com Malediel.

Veralgor: nos primeiros meses de seu governo, o novo presidente dos Estados Unidos estava completamente desmoralizado, sendo motivo de riso para o mundo inteiro.

No dia 11 de setembro de 2001, pela manhã, o mundo foi alarmado pela notícia de um ataque terrorista que derrubou as imensas torres do World Trade Center em Nova Iorque, além de outro ataque ao Pentágono em Washington.

De imediato começaram a se fazer suposições de que os ataques, com a utilização de aviões de passageiros sequestrados tivessem sido praticados por militantes muçulmanos. A seguir o FBI e a CIA surgiram com o nome de Osama Bin Laden e sua organização Al Qaeda.

Perguntei: o que quer dizer Al Qaeda?

Veralgor informou: o interessante é que Al Qaeda ou Al Qae'da quer dizer "o comando" ou "o comandante", portanto qualquer organização possui uma Al Qaeda. Aí vai estar englobada qualquer organização do mundo árabe. Essa palavra árabe deu origem em português ao nome Alcaide, antiga denominação para o administrador provincial ou Prefeito.

O mundo pensante colocou em dúvida que em tão pouco tempo os serviços americanos já tivessem conseguido encontrar culpados, sem que nenhuma organização tivesse anunciado a autoria.

Para comprovar suas afirmações, no meio dos escombros, de onde não haviam conseguido tirar os corpos das vítimas, conseguiram fazer surgir o passaporte de um militante da Al Qaeda.

Vocês também consideram isso um pouco estranho, não é verdade? Realmente, ainda em uníssono, eu e Malediel.

Veralgor continuou sua linha de raciocínio: a seguir, alguns dias após, conseguiram encontrar os documentos de outro muçulmano, também ligado ao Osama Bin Laden, que tinham sido esquecidos num táxi. Isso quer dizer que são provas localizadas, não é mesmo?

O que vou dizer é longo e cansativo, por isso só me interrompam se tiverem alguma dúvida. O convencimento estava feito e o Presidente, antes desmoralizado por ser meio retardado e disléxico, conseguiu o apoio do Primeiro Ministro Inglês, Tony Blair, e a seguir outros governantes, para uma alegada guerra sem tréguas ao Terror, e um ataque ao Taleban, grupo que governava ditatorialmente o Afeganistão. O povo americano assustado deu apoio ao seu governo e leis emergenciais de exceção foram criadas, de uma forma sem precedentes naquele país, nem mesmo na época do Macartismo, logo após a II Grande Guerra. Pelas novas leis, cidadãos americanos ou estrangeiros, sem culpa formada, podem ser presos por tempo indeterminado, sem que seja necessária a comunicação a um juiz.

Algumas dessas leis permitem que a CIA execute pessoas que considere como terroristas, tanto em território americano como no exterior, numa forma de banditismo de Estado, não entrando aí nenhum arremedo de justiça. Afirmei: acredito que o povo americano estava muito assustado e não teve tempo de pensar sobre tudo que estava ocorrendo.

Malediel tentou contemporizar: você só está vendo o lado negro da coisa!

Veralgor continuou sem prestar atenção ao que o outro disse: o presidente americano passou a ser o mais novo ditador do planeta, numa farsa de democracia, e começou a sua alegada luta contra o Terror. O governo ditatorial do Taleban no Afeganistão foi derrubado e em seu lugar foi colocado um grupo obediente aos Estados Unidos.

Terminada a guerra do Afeganistão, que se estendeu por quase um ano, a popularidade do Presidente americano começou a cair, e então começaram a surgir notícias de que iriam ser executados novos atentados nos Estados Unidos, mas que não ocorreram.

Como não ocorreram novos atentados dentro do país, a população começou a descrer de sua possibilidade, tornando-se necessário para a estabilidade do governo americano uma nova guerra, dessa vez contra o Iraque, além de alguns outros atentados em várias partes do mundo, todos sem exceção imputados aos grupos islâmicos, principalmente a Al Qaeda.

Como os americanos afirmaram que o Iraque estava dando cobertura para a Al Qaeda, inicialmente vários países deram apoio a um ataque a esse país, porém em tempo breve mudaram de opinião, e somente o Primeiro Ministro Inglês e o ministro José Maria Aysnar da Espanha continuaram nesse apoio, além de alguns mandatários de países periféricos sem a maior importância.

Vários países e a própria ONU passaram a fazer oposição aos planos americanos. Oportunamente ocorreram atentados em Bali na Indonésia, e de imediato a CIA afirmou que haviam sido detectados militantes muçulmanos ligados a um braço da Al Qaeda de Osama Bin Laden. Como na realidade não se obteve provas concretas contra Osama Bin Laden, mesmo após a invasão do Afeganistão, começaram a aparecer no mundo inteiro fitas de vídeo em que o líder muçulmano é visto conversando e de imediato fazem a tradução de suas palavras como sendo uma confirmação de sua autoria nos atentados. O último filme apresentado é mais estranho ainda, já que aparece um grupo de muçulmanos e ao fundo uma voz que se afirma ser de Osama Bin Laden. Tais fitas não convenceram nem o mais ingênuo dos espectadores, sendo clara a falsificação grosseira. Toda essa confusa história deve ser analisada friamente. Realmente ocorreu um atentado ao World Trade Center em 1993, quando ocorreram explosões no seu subsolo, e daquela vez houve o reconhecimento formal de que fundamentalistas muçulmanos haviam praticado o ato. Na derrubada das Torres não houve o reconhecimento por parte do pretenso autor.

E agora pensem bem! Qual o lucro do terrorista quando pratica um atentado?

Malediel afirmou rapidamente: a satisfação de praticar uma maldade e o pavor que isso produz, possibilitando no futuro uma extorsão.

Veralgor redarguiu: a glória de sua ação. Não existe vantagem pessoal ou econômica. Somente a glória do ato praticado contra um inimigo do autor, seja pessoa ou país.

Sempre que um atentado é cometido, aparece um homem ou uma organização assumindo a sua autoria. Para os terroristas é tanta essa glória que muitas vezes organizações diversas se apresentam como autores.

No caso do World Trade Center e do Pentágono não ocorreu isso. Estranho, pois essa teria sido a maior glória para um terrorista. Alguns analistas afirmam que os terroristas não quiseram assumir os seus atos, por terem ficado com receio da reação mundial. Isso não parece ser algo que preocupe quem está disposto a morrer por sua causa.

O mais crível é que os atentados não tenham sido praticados pelos militantes apontados pelas autoridades americanas. Façamos uma análise investigativa do caso. Quem lucraria com o fato? Indagou ainda Veralgor. Diante do balanço de cabeça de seus dois acompanhantes, Veralgor continuou: os pretensos terroristas muçulmanos não cobraram a glória pelo seu feito, o que é estranho.

Porém outros poderiam lucrar muito mais. Analisemos as circunstâncias que precederam os fatos. Quem seriam?

Com a queda da União Soviética, com o comunismo perdendo a força, não havendo mais a caça aos agentes soviéticos pelo mundo todo, com a alegação de defesa da civilização e democracia ocidentais, a CIA perdeu a sua razão de ser e os Estados Unidos tiveram a sua qualidade como defensor do hemisfério ocidental colocada em xeque. Tentou-se outra luta que englobasse os diversos países do bloco ocidental, que seria o combate contra o narcotráfico, porém isso não serviu de catalisador, principalmente em razão do caso Irã-Contras, com o Coronel North e o envolvimento claro da CIA no escândalo, onde ocorreu troca de narcóticos por armamento.

O Congresso Americano estava minando o poder da CIA, primeiramente diminuindo drasticamente os recursos destinados a essa organização, tanto que a dotação que anteriormente cobria um mês passou a ser o montante anual.

Nos últimos tempos o Congresso estava exigindo a abertura de todos os arquivos da organização, para desespero de seus membros. De outro lado tínhamos o Presidente dos Estados Unidos completamente desmoralizado e servindo de piada para o resto do mundo. Lembram-se disso? Lembramos, respondemos juntos, eu e o anjo.

Veralgor olhava para os seus dois companheiros, soltando alguma fumaça numa clara manifestação de prazer e prosseguiu: Repentinamente ocorre o inesperado. São praticados os atentados ao Pentágono e ao *World Trade Center*.

A CIA volta a ter força, recebe uma dotação maior do que recebia nos tempos da Guerra Fria, seus arquivos voltaram a ser intocáveis. O Presidente americano, de palhaço do mundo passa a ser o homem mais poderoso do planeta e um ditador aplaudido no país que sempre se vangloriou de ser a terra da democracia.

Todos dizem que americanos nunca fariam um atentado contra seu próprio país e povo, e que muitas vidas foram perdidas. Até a peroração de Veralgor não me passara pela cabeça a possibilidade de que agentes do próprio governo americano pudessem atentar contra a segurança de seu povo, porém a certeza e firmeza de argumentação apresentada me fez balançar e começar a verificar mentalmente detalhes, fazendo com que, horrorizado, passasse a aceitar a possibilidade do que me foi afirmado pela criatura verde. A relação de fatos apresentados como prova da capacidade de traição das autoridades americanas contra seu povo, ao longo de uma grande faixa de tempo, fatos esses verificáveis, deixaram-me aterrado com a possibilidade de que isso tenha ocorrido.

Toda essa destruição faz parte do imaginário americano, e isso podemos ver pelo número de filmes com destruição de prédios e cidades, principalmente Nova Iorque e Washington, praticada por estrangeiros, alienígenas e mesmo, e isso em maior número, por americanos loucos ou que sonham com o poder de mandar no mundo.

Não esqueçamos também que faz parte da ideologia americana o princípio do ódio absoluto passado de pai para filho, o dente por dente, vindo do radicalismo mosaico, o mesmo que rege Israel. Malediel disse com ênfase. Mas os americanos nunca atacariam os próprios americanos. Isso seria desumano.

Balancei a cabeça e disse: também concordo com isso.

Veralgor lembrou um detalhe que passou quase despercebido durante as reportagens sobre o atentado, isto é, o fato de que a maioria dos mortos no *World Trade Center* eram estrangeiros que trabalhavam nos prédios, sendo um grande número de latino-americanos e de países orientais. Lembrou-se também o menoscabo com que os americanos tratam os latinos.

Veralgor ainda argumentou: com relação a atos de terrorismo ou de destruição de vidas de americanos por americanos, existem vários precedentes históricos.

Temos o último praticado, com a esperança de que os árabes fossem acusados de estarem enviando pó de Antraz, em várias partes do Globo e em grande quantidade nos Estados Unidos, e que a contragosto tiveram que admitir que isso estaria sendo feito pelos próprios radicais americanos, para criar um pânico geral. Porém vamos recuar um pouco na história. Quando os Estados Unidos se impôs a tarefa de "libertar" Cuba dos espanhóis, em agosto de 1898, como não tinham um pretexto para declarar guerra à Espanha, não hesitaram em explodir um de seus navios de guerra, o Maine, com toda a sua tripulação. Na II Grande Guerra, mesmo tendo recebido informações com antecedência, a partir do espião russo Sorge, de que os japoneses iriam atacar Pearl Harbour, não hesitaram em deixar que seus homens fossem vitimados, não fazendo o aviso em tempo, apenas para terem um motivo para vingança contra o Japão e poderem praticar qualquer retaliação. Quando iniciaram as experiências atômicas no atol de Bikini, não tiveram dúvidas em expor 10 mil de seus soldados à radiação apenas para poderem obter informações sobre os efeitos da radioatividade no organismo humano, mesmo com o alerta de inúmeros cientistas, e hoje, décadas depois, verifica-se que todos os soldados que ali estiveram, terminaram morrendo ao longo desses anos vitimados pela radiação, permitindo aos estudiosos uma maior compreensão do que a radioatividade pode causar aos homens. Quanto a atos terroristas contra outros países também existem precedentes históricos. Na Alemanha, durante a II Grande Guerra, não tiveram dúvida em destruir totalmente, casa por casa, por bombardeios, a cidade de Dresden, onde não existiam estabelecimentos militares, e outras cidades que eram totalmente desmilitarizadas, num típico ato de terrorismo para criar medo e pânico. Quando o Japão na II Grande Guerra, totalmente esgotado, estava em vias de rendição, mesmo assim os americanos não hesitaram em explodir duas bombas atômicas contra aquele país, atingindo a cidade de Nagasaki e Hiroshima, apenas para espantar o mundo, fazendo com que suas ideias não fossem contrariadas.

Nesse episódio, lembro-me bem de um documentário, no qual o físico Oppenheimer, de origem judaica, diante da dúvida do General americano encarregado de lançar as bombas, teve um acesso de fúria e gritava da necessidade de fazer com que o mundo soubesse da força americana. No Chile, na época do Presidente Allende, atacaram o Palácio de La Moneda e um oficial americano matou friamente o governante chileno.

Em Oklahoma foi derrubado um prédio do Governo com a explosão de um carro carregado de explosivos. De imediato foram feitas afirmações de que o atentado teria sido praticado por militantes muçulmanos e se um xerife do interior não tivesse efetuado a prisão do causador da explosão, por puro acaso, sendo o autor um americano ligado a uma organização de extrema direita, por sinal a mesma a que pertence ao Presidente Bush filho, a perseguição aos árabes teria começado naquela época. O governante americano precisava da guerra para se manter, pois o povo poderá acordar e perceber que foi traído de uma forma como nunca havia ocorrido anteriormente. Um carro bomba atinge o Hotel na Capital do Iraque onde estava sediada a Missão da ONU, onde morre, entre outros, um embaixador brasileiro de. De imediato são acusados os fanáticos Xiitas.

Ocorre que numa análise imediata podemos ver nesse caso alguns pontos controversos, embora o método utilizado seja o usual daqueles militantes. A ONU representava justamente a oposição aos interesses americanos. O embaixador brasileiro era considerado pelos americanos como pessoa indesejável, dadas as suas ideias sobre a ingerência americana em outros países, tendo sido uma das vozes mais fortes contra a atitude beligerante dos Estados Unidos. Não seria lógico os iraquianos atingirem a sede da missão da ONU. O povo espanhol estava totalmente descontente com relação ao envolvimento de seu país na guerra do Iraque, forçando o Primeiro Ministro a retirar suas tropas daquele país, sendo que a popularidade de José Maria Aiznar estava em queda, não tendo possibilidade de reeleição. A ajuda espanhola, embora mínima em tropas, era de importância capital do ponto de vista político para o governo Bush e caso Aiznar não fosse reeleito, a retirada das tropas espanholas ocorreria fatalmente. Nas vésperas da eleição espanhola, na data de 11 de março, dois anos e meio depois do ataque aos Estados Unidos, ocorre um dos maiores atentados em território europeu, quando bombas explodem ao mesmo tempo em diversos trens que chegam a Madrid, causando centenas de mortes de civis que chegavam ao trabalho. O Primeiro Ministro de imediato acusa a ETA (Euzkadi Ta Askatazuna = Pátria Basca e Liberdade), organização separatista basca, como sendo a autora do atentado.

Todo o povo espanhol percebeu a mentira que estavam querendo aplicar, reagindo de forma vigorosa. De imediato a imprensa internacional chamou a atenção para o fato de que a data do atentado ocorrera exatamente dois anos e meio após o atentado ao *World Trade Center* em Nova Iorque, com isso criando um vínculo entre um fato e outro. Aí já se verificava que a intenção dos atentados era criar uma situação de pânico no povo espanhol, semelhante à que vive o povo americano, para que reelegessem o José Maria Aisnar e as tropas espanholas continuassem no Iraque. Procuraram outros culpados e passaram a acusar os árabes fundamentalistas, numa evidente manobra diversionista, também de interesse para os verdadeiros autores.

Temos a lembrar que de forma mentirosa, tanto os americanos como o lacaio José Maria Aiznar sempre quiseram ligar a ETA aos fundamentalistas árabes, isso desde data bem anterior ao próprio ataque aos USA. Analisemos os pontos a serem verificados nesse caso. Foram colocadas diversas mochilas em três trens que chegavam a Madri e que explodiram quase ao mesmo tempo, demonstrando método e organização. A intenção clara nesse atentado, em que não havia um alvo específico, seja uma autoridade do governo espanhol ou a sede de uma instituição, era a de causar comoção nacional e mesmo mundial. Os explosivos foram acionados por meio de celulares, e uma das mochilas contendo os explosivos não explodiu, tendo sido encontradas em seu interior, além do celular e o explosivo, uma carta escrita em árabe. Usando o método analítico investigativo chegamos à seguinte conclusão. Quem praticou o atentado pretendia criar comoção nacional provocando o mesmo efeito conseguido nos Estados Unidos no atentado de 11 de setembro de 2001, ou seja, um governante que perdeu a popularidade passaria a ser apoiado pelo seu povo e estando nas vésperas de uma eleição viria a ser reeleito. Ocorre que isso não veio a acontecer, a opinião pública espanhola reagiu prontamente e votou em massa em novo primeiro ministro, tendo sido eleito o Sr. Zapatero, que durante a campanha afirmou que retiraria as tropas do Iraque. O autor ou autores do atentado demonstraram um desconhecimento total da mentalidade do povo espanhol, altamente politizado e ideológico, em nada se comparando aos americanos, já que estes são totalmente dóceis à propaganda e que são levados ao impulso de sua imprensa controlada pelo governo. Os Bascos de imediato teriam que ser descartados como autores, já que sempre se responsabilizam pelos atentados que praticam, o que não ocorreu. Outro ponto é que sempre atacam ou autoridades ou as instalações de alguma instituição do governo espanhol, e quando ocorrem mortes de civis, estas são decorrência e não o alvo principal, como neste atentado. Outro ponto, o explosivo utilizado não era o usual em todos os atos praticados pela ETA. Os árabes devem ser esquecidos nesse caso, pois seus atentados são típicos dos desesperados. Ou colocam explosivos num veículo e o enviam ao alvo, explodindo antes caso não consigam atingi-lo, ou ainda colocam o explosivo sobre o próprio corpo e buscam o alvo, explodindo o mais próximo possível. Não se caracterizam pela organização e sim pela imprudência e audácia, sendo que seus autores sempre se expõem diretamente, o que não foi o caso. Uma das mochilas não explodiu, o que se poderia explicar por uma falha no celular que acionaria o dispositivo, porém fica clara a intenção de se conduzir a investigação do atentado para um ponto específico, pois havia uma carta no interior da mochila, e quem escreve deseja ser lido, portanto a não explosão foi intencional, para deixar pistas que conduzissem a um grupo ou facção. Evidentemente a intenção era jogar a culpa em outros que não os próprios autores. Tanto o explosivo, o celular e o documento escrito encontrados no interior da mochila conduziram aos árabes, portanto evidentemente, não foram estes os autores. Com a análise anterior, só nos restam dois grupos que agem de acordo entre si, ou seja, os americanos e os israelenses. Para que a opinião pública espanhola ficasse convencida de que realmente eram os árabes os autores do atentado, as tropas especiais cercaram um grupo de marroquinos, porém antes que pudessem ser presos, ocorreu uma detonação acidental dos explosivos que estariam manipulando, matando-os a todos, de uma forma altamente favorável para que o povo acreditasse na mentira e com a expectativa de criar uma comoção, ao mesmo tempo em que eliminava a possibilidade de que a verdade vazasse. Verifiquemos quem poderia obter alguma vantagem com esse atentado. Aos árabes não traria nenhuma vantagem política ou de pressão, já que os espanhóis eram contra a presença de suas tropas no Iraque, estando inclusive propensos a não reeleger o seu primeiro ministro. Como a retirada das tropas espanholas resultava em prejuízo político para os americanos e estes estão sendo usados pelos israelenses, o resultado da análise nos conduz fatalmente a estes. O Primeiro Ministro José Maria Aisnar foi derrotado nas eleições e o novo primeiro ministro se comprometeu com seu povo para a retirada das tropas espanholas do Iraque, o que desgostou a coalizão Estados Unidos e Israel. O novo primeiro ministro iniciou entendimentos com os Bascos para a resolução de seus problemas e reivindicações.

Para surpresa do mundo um novo atentado, nos mesmos moldes do primeiro ocorreu novamente nos trens de Madrid, isso no final do ano de 2004, sendo que desta vez a ETA teria assumido a autoria, conforme noticiado mundialmente. Pouco tempo depois a ETA se manifestou negando a autoria, porém o desmentido não foi divulgado com a mesma força. Analisemos o fato com calma. Evidentemente que os autores desse segundo atentado são os mesmos do primeiro, que não contentes com o resultado obtido naquele, quiseram dar uma lição ao povo espanhol, tentando forçar uma mudança em sua opinião. Para esse segundo atentado na Espanha, ocorrido numa terça-feira, temos uma coincidência com o do *World Trade Center* que ocorreu também em uma terça-feira.

Na sexta-feira anterior ao atentado do *World Trade Center*, na madrugada, em vários canais de televisão da América, inclusive no Brasil, passou o filme *O Grande Atentado*. Na madrugada de sábado para domingo que antecedeu ao segundo atentado em Madrid o mesmo filme foi exibido e isso pode ser verificado facilmente.

Tenho a lembrar a vocês que as chances de uma coincidência são mínimas e que não creio nela. Vamos nos lembrar e analisar alguns fatos da história recente e mostrar as mentiras e falseamentos. Lembro-me inclusive do que ocorreu em novembro de 1963, quando mataram John Fitzgerald Kennedy, o que configurou tranquilamente como uma conspiração, já que esse presidente americano procurava um entendimento com a União Soviética na pessoa do primeiro ministro Krushev, após a questão dos mísseis, para um início de desarmamento, além de querer evitar um confronto com Fidel Castro. Pretendia também retirar as tropas do Vietnam. Isso mexeu com interesses muito fortes que iam da CIA até a Máfia, passando pelos fabricantes de aeronaves e armamentos. Do outro lado tínhamos o *Bank Boston* que financiava a fabricação de armamentos, até o vice-presidente Lindon Johnson que não queria terminar a Guerra. Acusaram Lee Harvey Oswald pela morte de Kennedy, baseados em informações falsas e confusas, e para que nada falasse, foi morto por um mafioso, Jack Ruby, que estava condenado à morte em razão de um câncer terminal, isso diante das câmeras de televisão. A Comissão Warren que investigou o caso efetuou um inquérito que parecia coisa de analfabetos e iniciantes.

Argumentei pasmo: mas isso que você está falando leva a gente a crer numa Conjura ou Conspiração! Malediel irritado contrapôs: isso não existe. Nenhuma Conspiração Internacional foi localizada até hoje, isso é conversa de paranoicos. Veralgor foi duro: você sabe que existe sim, e de longa data, para falar a verdade, desde milênios e até você já foi muito utilizado por ela, não se faça de anjo.

Conspirações existem?

Veralgor disse isso com certo cinismo e afirmou que iria tentar explicar alguma coisa sobre. Argumentei: sempre que aparece alguém denunciando uma Conspiração Internacional, terminam comprovando que a pessoa não era muito certa da cabeça. Malediel se desesperou: não existe a possibilidade de uma Conspiração Internacional, ainda mais que esteja durando milênios.

Veralgor afirmou: não se faça de inocente, Malediel, entre nós você pode falar com franqueza, o mortal sabe que se falar sobre nossas conversas irá ficar guardado muito tempo num manicômio. Você mesmo, que acompanha os fatos nos últimos cinco mil anos, participou muitas vezes dessa Conjura.

Malediel replicou: nunca participei de nenhuma Conjura, o que ocorre é que prefiro aplainar os caminhos para que o homem aceite algumas ideias novas, não que eu queira que algum grupo ou nação venha a sobrepujar as outras.

Veralgor explanou com calma: toda vez que se denuncia alguma coisa que não se encaixa de forma normal no panorama da política mundial, o denunciante é acusado de ser um maníaco pela Conspiração Internacional e que esta não existe a não ser na cabeça do pobre paranoico. A teoria da conspiração internacional mundial, embora rechaçada e ridicularizada, tem sua lógica, e vendo os fatos que ocorrem no dia a dia passamos a ter certeza de que existe. O primeiro ato de internacionalismo numa conspiração se vê na própria Bíblia, quando esta prega que somente o povo judeu é escolhido por Deus e que no final dos tempos o "Deus dos Exércitos o colocará sobre todas as outras nações". Como se vê, isso pressupõe domínio, e nessa pregação tudo é valido para que se atinja esse fim. O segundo ato dessa Conspiração foi fazer nascer do seio do povo judeu um novo Deus, aproveitando-se que os outros povos não estão atentos a esses detalhes. E o maior requinte nessa insídia é o próprio povo judeu negar peremptoriamente esse filho de Deus por eles criado. Espantado pela lógica comentei: nunca havia pensado por esse prisma. Malediel estava totalmente em pânico: isso é um absurdo dito por uma entidade do mal. Veralgor continuou com a maior tranquilidade: em 1903 foi editado um livreto em Paris, por um Coronel do Serviço Secreto do Czar da Rússia, intitulado *Os Protocolos dos Sábios de Sião*, que de pronto provocou a ira da Internacional Judaica e do Rabinato Mundial, que afirmou se tratar de uma farsa. Esses Protocolos seriam as metas a serem alcançadas pelo Judaísmo Internacional durante o Século XX. Segundo eles, teriam que ser promovidas guerras entre os Goyns, a luta do capital contra o trabalho e vice versa, o campesinato contra o patronato e vice e versa, o controle dos meios de comunicação, que na época se resumiam a jornais e revistas, o controle da educação, o controle dos meios de produção, a eliminação de fronteiras etc. Alegaram de imediato que tudo aquilo era uma farsa, uma conspiração contra os judeus de todo o mundo, porém, fato interessante, se era uma invenção do dito Coronel, temos que convir que este era um profeta, já que tudo que predisse ocorreu, sendo a eliminação de fronteiras com a criação dos mercados comuns, a última conquista ocorrida. Passado um século da referida publicação, como não acreditamos em profetas, só nos resta aceitar que o referido militar, homem do serviço secreto, tenha tido acesso real a algum tipo de documentação, pois todas as metas foram cumpridas antes do final do século. Vejamos outro tipo de conspiração. Quando Hitler assumiu o poder, antes de qualquer guerra ter sido declarada, Bernard Baruch, membro do Governo americano e Chaim Weizmann, que depois se tornou o primeiro Presidente de Israel, declararam que se pretendia matar na Alemanha seis milhões de judeus e por essa razão proclamaram que os judeus de todo o mundo declaravam guerra à Alemanha, o que levou Hitler a reagir efetuando prisões em massa de judeus na Alemanha.

Malediel com profundo desgosto: isso são afirmações de inimigos dos judeus, povo sofrido. Veralgor o ignorou e retomou sua argumentação.

Veralgor completou: hoje já se sabe que não existiam seis milhões de judeus na Europa, e que mais de 50% dos ali residentes migraram para as Américas, outra porcentagem para outros continentes, e que pelo menos 30% ainda restavam no Velho Mundo quando a guerra terminou, porém ainda hoje temos a mesma notícia de que seis milhões morreram nos Campos de Concentração Alemães. É sabido que em uma guerra se pratica todo tipo atrocidade contara a humanidade, porém se levarmos em conta esse número de seis milhões de uma única raça, ela teria sido totalmente dizimada. Precisamos verificar alguns detalhes, não para amenizar culpas, pois o que aconteceu foi imperdoável, mas para esclarecer fatos.

Primeiro o nome de família de Hitler era Hiedler, de origem judaica e que foi alterado para sua forma final para coincidir com as profecias de Nostradamus, outro judeu.

Segundo, quase todos os nomes de importância no Governo alemão da época da II Grande Guerra são suspeitosamente judaicos, tomando como exemplo o grande ideólogo Rosenberg e muitos outros. Ocorre que já existia o plano de criação do Novo Estado de Israel, desde fins do século XIX, e os judeus ortodoxos e hassídicos somente concordavam com um estado criado pelo Messias que era aguardado há séculos. Era necessário exterminá-los ou pelo menos diminuir o seu número e influência. Isso tinha que ser feito sem que a opinião mundial tivesse consciência de quem realmente estava praticando tal ato. E foi feito e outros pagaram por isso, e ainda pagam. É o famoso usar a pata do gato para pegar as castanhas do fogo.

Malediel novamente afirmou: os judeus nunca fariam isso a outros judeus. Tive que comentar: você tem que concordar que isso é um pouco pesado. Veralgor ainda: o interessante é que até nos últimos anos a comunidade mundial continuou pagando pela alegada perseguição feita aos judeus, e a pregação a nível mundial, em filmes e televisão, além dos livros, tinha em meta o interesse financeiro das reparações pecuniárias que acabaram ocorrendo. O interessante é que ninguém procurou saber da origem das fortunas judaicas, como se fosse natural que possuíssem os valores alegados. No final da II Grande Guerra era calculado um número de aproximadamente 500 mil judeus realmente desaparecidos, porém o Governo de reconstrução alemão, principalmente na pessoa de Konrad Adenauer prometeu 35 mil marcos a serem pagos por cada judeu desaparecido. Nunca os rabinos trabalharam tanto nos livros de registro da comunidade judaica em cada país da Europa, e repentinamente surgiu um número astronômico de pessoas desaparecidas. Ocorre que assim como os católicos eram registrados em suas paróquias e apenas em meados do século XX se adotou definitivamente o registro em cartórios civis, até o final da Grande Guerra o rabinato era responsável pelo registro de casamentos, nascimentos e mortes entre os judeus.

Veralgor fez uma pausa e comentou sorrindo: sobre essas mudanças de nomes que os judeus estavam acostumados a fazer, nas suas constantes passagens de um país para outro, existe uma anedota utilizada aqui mesmo no Brasil, em São Paulo. Um judeu emigrado da Inglaterra, ao chegar a esse país chamava-se Isaac Goodfellow (bom camarada) e foi morar no Bairro do Bom Retiro; passados alguns anos, após ter amealhado um bom capital adotou o nome de Isaac Goldfellow (camarada de ouro) e mudou-se para o bairro de Higienópolis; transcorrido outro lapso de tempo, já tendo feito fortuna, adotou novo nome, passando a chamar-se Isaac Godfellow (camarada divino) e dessa vez foi morar no Bairro da Chácara Flora. Num rastreamento teríamos, portanto, três indivíduos diversos.

Veralgor afirmou: vejamos um caso real, o da família Abravanel, da qual faz parte Senior Abravanel, o conhecido Silvio Santos; ao longo de séculos esse nome de família foi sendo alterado nas inúmeras mudanças por países da Europa, num ir e vir entre Portugal, Espanha, Itália, Portugal e finalmente Salônica na Grécia, de onde um ramo migrou para o Brasil nas primeiras décadas do século XX.

Veralgor voltou: Josef Stalin foi acusado de ter matado 30 milhões de judeus em suas investidas contra esse povo e essa acusação persistiu por vários anos, até que os próprios acusadores judeus viram que era um número tão inverossímil que hoje já não se fala mais em tais perseguições e menos ainda na matança. Contentam-se com o que conseguiram propagar contra os alemães, que inclusive deram fabulosos resultados econômicos.

Malediel em franco desespero tentou argumentar: Veralgor, existem coisas que não podem ser ditas, já que em nada ajudarão ao mortal na compreensão das coisas!

Veralgor fez que não ouviu e continuou: um homem que poderia ter contado o que realmente aconteceu na II Grande Guerra, desmistificando todas as mentiras contadas por mais de meio século, esteve preso desde o Julgamento de Nuremberg, na prisão de Spandau, onde somente havia ele, guardado por sentinelas dos países aliados, totalmente incomunicável, sem que lhe fosse permitido lápis, caneta ou papel, para que fosse impedido de gravar suas memórias, morreu completamente calado no final do século XX.

O que Rudolf Hess tinha para narrar era tão importante que foi necessário para a Conjura Internacional mantê-lo calado por meio século. Fui obrigado a concordar: isso eu me lembro bem.

Até Malediel não pode contestar: eu também me recordo muito bem disso. Veralgor continuou: há alguns anos, surgiu uma denúncia em São Paulo de que um casal de austríacos teria dado cobertura para que Josef Mengele, um médico alemão, conhecido como carrasco nazista, tivesse vivido no Brasil, na zona sul de São Paulo, desde o final da guerra até sua morte por afogamento em Bertioga.

Afirmei, isso eu também me lembro. Malediel contrapôs: não vá me dizer que isso também foi distorcido.

Veralgor sorriu e disse: isso você conhece bem Malediel, já que você estava lá e me recordo inclusive de algumas das suas intervenções.

O grande interesse desse caso é que se trata de um tipo de conspiração triangular. Eu explico. Os alemães tinham interesse em provar que Josef Mengele estava morto, os judeus residentes no Brasil também, a polícia federal também, menos os judeus que se dizem caçadores de nazistas.

Os alemães queriam a prova da morte de Mengele para terem finalmente sossego. Os judeus residentes no Brasil também queriam a prova da morte de Josef Mengele e gastaram pelo menos três milhões de dólares, pois não suportavam mais as exigências de dinheiro feitas por Simon Wiesenthal e seu Instituto, as pressões feitas pela Hagannah, o Braço de Sião e o Cherut Bitachou ou Shin Ben, que exigem contribuições e fazem ameaças aos judeus no mundo inteiro se não colaborarem. A Polícia Federal, que na época era dirigida por um Delegado da Polícia Civil estadual, colaborador da ditadura, que após o termino desta não podia ficar no seu local de origem e que posteriormente se tornou Senador por São Paulo, que juntamente a seus apaniguados, estava de olho no dinheiro oferecido pela comunidade judaica em São Paulo e nos mais de três milhões e meio de dólares que o Estado de Israel dava como recompensa pelo carrasco nazista, vivo ou morto. Os caçadores de nazistas, inclusive um residente em São Paulo, não queriam que se provasse tal morte, pois temiam perder as contribuições compulsórias cobradas da comunidade judaica. O exército secreto de Israel, o Mossad ou Cherut Bitachu não queria que se chegasse a um resultado, já que não queria pagar a recompensa. Foram feitas reconstituições as mais imaginosas possíveis por um legista, que ficou muito conhecido no caso da morte de um administrador de fundos de campanha de um presidente de muitas cores que foi derrubado nesse país, sendo que sozinho ganhou aproximadamente 120 mil dólares, provando que os ossos encontrados num cemitério de Embu pertenciam ao carrasco nazista. Um juiz federal, antigo Delegado da Policia Federal, conhecido desde há muito tempo como "João da Bolsa" fez o seu papel na comprovação. Esse juiz, inclusive, foi preso pela venda de sentenças judiciais. Todos ficaram muito felizes. Ocorreu nesse caso uma passagem interessante, quando o Serviço Secreto Israelense, o Mossad, duvidando da realidade dos resultados, pois quem sabia das coisas tinha certeza de que Mengele nunca havia estado no Brasil, muito menos em São Paulo, solicitou ao advogado Dr. Flávio Marx, defensor do casal de austríacos acusados de acobertar o nazista, que permitisse que seus clientes passassem pelo detector de mentiras, sendo que este concordou desde que se pagasse a bagatela de 50 mil dólares ao casal e que o resultado negativo ou positivo não constasse dos autos. Sabe-se que o resultado foi muito diverso do que consta no processo investigatório. Tive que comentar: essa parte da atuação do Mossad eu desconhecia completamente. Malediel vingou-se de acusações anteriores: a intervenção do Mossad teve um dedo seu, Veralgor, foi duro, você também sabe que Josef Mengele esteve no Paraguai, em Concepción, desde que deixou a Argentina em 1961 até sua morte, portanto nunca poderia ter estado no Brasil, conforme foi constado na época da investigação. Perguntei: o que podem me dizer sobre os caçadores de nazistas e o Instituto Simon Wiesenthal? Malediel tentou suavizar: esses caçadores de nazistas querem que os criminosos sejam punidos e que nunca mais ocorra o morticínio da II Grande Guerra Mundial. Veralgor apresentou uma lógica dura: na realidade os caçadores de nazistas não fazem mais do que cumprir o que prega o Talmude, ou seja, olho por olho, dente por dente, mantendo um estado de ódio eterno. Quanto ao Instituto Simon Wiesenthal é tão odiado pelos remanescentes nazistas como pelos próprios judeus, já que pratica extorsões, com a ajuda do Mossad e da Haganah contra todos os judeus da diáspora, ou seja, os espalhados pelo mundo. Enquanto os judeus continuarem a alimentar o ódio mundial contra eles, por sua política de extermínio praticada contra os palestinos, além de não fazerem uma "méa culpa" sobre a sua atuação ao longo da história e na atualidade contra os palestinos, não haverá paz. Como fazem questão de caçar os nazistas acusados de crime de genocídio, deveriam também entregar os seus criminosos de guerra, tão culpados de genocídio como os alemães.

Não acredito que isso vá ocorrer, já que os judeus se consideram a vítima de todas as perseguições no mundo, enquanto são governados por um dos mais bárbaros criminosos que se tem notícia. Na realidade, se analisarmos o ódio dos judeus contra os alemães, vemos que isto não tem raiz, como alegam, nos mortos em campos de concentração, que hoje se sabe não ser o número místico apresentado de seis milhões e sim no que consideraram uma profanação de seus preceitos sagrados e, portanto não pode ser perdoado. Nos campos de concentração eram obrigados a comer o que lhes era servido, inclusive carne de porco, tão apreciada pelos alemães, e não a comida produzida de acordo com seus rituais, ou seja, a comida kasher. Eram obrigados a banharem-se de acordo com o regulamento dos campos e se isso não ocorresse, por razão de higiene e prevenção de doenças, eram lavados com mangueiras, isso no dia que os chefes dos campos decidissem e não nos dias rituais. Outro ponto é que por medida de higiene os mortos eram cremados, o que para os judeus era um absurdo, já que sua religião obriga ao sepultamento, não permitindo a cremação.

Diante disso criaram lendas de que foram envenenados milhares de pessoas pela comida, que eram lavados com mangueiras para serem executados com gás e que eram queimados vivos nos fornos crematórios. Alias a alegação dos fornos crematórios ajudava na mentira dos seis milhões de judeus mortos, pois incinerados não podem ser contados e não são localizados restos. Nesse ponto me recordei de algo e comentei: estou me lembrando de um caso envolvendo o diário de Hitler, que havia sido vendido para um periódico alemão, se não me engano a revista Stern, e que havia sido atestado como verdadeiro, porém pressões de todo o lado obrigaram a revista a não editar o material, surgindo depois laudos periciais que afirmavam que o jornalista que havia descoberto o material estava envolvido com um grupo de falsários.

Malediel apresentou a argumentação que sempre se encontrou na imprensa, isso foi o ato final de um grupo que pretendia macular a história das vítimas inocentes da Grande Guerra. Veralgor foi cínico. – Malediel, Malediel, você quer me fazer crer que não foi a Conjura Internacional que sabotou o caso e que você não sabia disso.

O material era tão verdadeiro que fizeram questão de que todo o diário, composto de dezenas de caixas, comprovadamente de Hitler, desaparecesse e não mais fosse encontrado, quando o normal, seria que servisse para exames. A eliminação de todo esse material foi feita para se evitar a comprovação de que não houve uma ordem para a "solução final", a alegada ordem do governo nazista para a eliminação do povo judeu, até agora não encontrada. Forçaram a revista Stern a não publicar o material e com as calúnias levantadas, levaram o jornalista que descobrira o material para a barra de tribunais, desgraçando sua vida. O problema é que um material desse tipo colocaria em risco a Conspiração Internacional e milênios de trabalho de solapação feito pelo judaísmo. Existe muita coisa em jogo para que um simples jornalista possa vir a estragar, apresentando papéis que apresentem realmente a verdade. Falando em jornalismo, em meios de comunicação, vejam como é tratada a reação Irlandesa contra a tirania britânica. Os Irlandeses, em sua quase total maioria católicos, inclusive dos mais antigos, com exceção de Roma, já lutavam contra a Inglaterra quando esta era também católica, porém a imprensa, tanto a falada como a escrita, tratam essa luta como se fosse uma guerra religiosa, quando na realidade se trata de um povo dominado querendo a sua independência, isso há centenas de anos. Nesse caso a Conjura Internacional tenta a todo custo manchar uma luta gloriosa como se fosse uma fútil questão religiosa.

Veralgor continuou: outra situação que requer um olhar mais atento é a do Iraque, quando existia a União Soviética, foi ajudado pelos Estados Unidos, para que não fosse atraído para a área de influência daquela potência, já que era interessante para Israel que se opusesse contra o grande perigo que lhe oferecia o Irã. Naquela época, com o governo dos Ayatollahs, havia um risco muito grande para Israel. O grande país norte americano vendeu armas para ambos os contendores, utilizando-se inclusive de fábricas de armas criadas artificialmente para esse fim e situadas em países periféricos como o Brasil. É o caso da Engesa, empresa que era situada em São José dos Campos e que na época era dirigida por um testa de ferro dos americanos, o Sr. José Maria Withaker, que fornecia os mais diversos equipamentos tanto para Iranianos como Iraquianos, cujas equipes vinham para aquela cidade do interior paulista e se hospedavam no Hotel Eldorado, muitas vezes no mesmo dia, sendo que as autoridades brasileiras tinham que ser quase mágicas para impedir que os inimigos se encontrassem. Na época forneciam armas para o Iraque e Irã, além da Engesa, a empresa Avibras, ambas em São José dos Campos, sendo que esta última fornecia mísseis e lançadores de foguetes. Com o Irã, os americanos haviam tido uma amarga experiência, sob o comando do Ayatollah Khomeini eles mantiveram inúmeros americanos como reféns por dois anos, tendo derrotado as tropas que tentaram resgatá-los e a partir daí os Estados Unidos procuraram evitar mexer com vespas, e para tanto usaram o Iraque. Ocorre que a União Soviética se desintegrou, o Irã foi derrotado pelo Iraque e Israel e os Estados Unidos começaram a se sentir incomodados com esse país. Com o Iraque causando irritação aos Estados Unidos e Israel, aproveitaram-se de que esse país tentou retomar áreas de terra que realmente lhe pertenciam, já que faziam parte do califado de Bagdad, mesmo antes dos otomanos terem invadido a região, e que após a desintegração do império, na libertação, haviam sido separadas artificialmente pelos ingleses em fins do século XIX e que haviam nomeado como Kuwait, e declararam guerra ao país de Sadham Hussein.

O Presidente americano na época, o velho Busch, embora tenha conseguido vencer a guerra, não conseguiu levar a cabo seu intento final, tendo saído humilhado, embora vencedor, e isso nunca foi perdoado.

Interessante que uma revista de quadrinhos, o Super-Homem, mostrava anos antes dessa primeira guerra que esse personagem lutava contra um país no oriente que tinha o nome de Siraq, o que vem a demonstrar que na realidade os Estados Unidos já tinham a intenção de atacar aquele país, somente aguardaram um pretexto.

Ri e comentei: cheguei a ler essas revistas. Malediel irritado: isso já é fantasiar demais.

Veralgor indagou: quer mais algum exemplo de Conspiração?

O Presidente Clinton era um homem dado a escapadas com mulheres, e aproveitando-se disso, a Conjura, que queria uma nova guerra com o Iraque, promoveu uma chantagem com esse homem, utilizando-se de uma agente israelense de origem polaca, cidadã americana, a estagiária Mônica Levinsky: pressionado, quase cedeu ao desejo de guerra, tendo sido iniciado um processo de busca internacional de parceiros para aquela aventura bélica, sendo utilizada a sua encarregada das relações exteriores, a Sr.ª Madeleine Albreight. Era tão clara a conspiração, que somente não percebeu quem não quis. Se não houvesse intenção de chantagem, a referida estagiária não iria guardar um vestido sujo com o esperma do presidente. Nenhuma mulher de boa fé, que esteja tendo um caso com um homem casado, ainda mais com a importância do Presidente Americano, iria guardar uma roupa que tenha ficado manchada durante uma relação. O lógico é que procurasse eliminar qualquer coisa que pudesse criar algum constrangimento. É claro que guardar o vestido manchado foi intencional, orientada pela Conjura. Com receio do escândalo, o Presidente terminou se dobrando aos interesses da Conspiração, iniciando os preparativos para a nova guerra contra o Iraque, que não era seu desejo pessoal e que sabia em nada ajudaria o seu país. Nessa altura dos fatos, naquela ocasião, confesso com muito gosto, que eu, Veralgor, coloquei meu dedo para atrapalhar a Conjura. Fiz com que a melhor amiga de Mônica Levinsky levasse o caso a público, com a intenção de ajudá-la e com isso eliminando o poder dos conspiradores contra o Presidente, mesmo tendo que o expor, como foi feito. Ao mesmo tempo, numa entrevista coletiva, quando Madeleine Albreight explicava as razões de sua procura por parceiros para a guerra contra o Iraque, fiz com que um jornalista francês a desmascarasse, quando perguntou diretamente se ela era israelita. Foi uma pergunta tão inesperada que criou o maior embaraço, já que envolvia Israel no caso e para espanto mundial, a Madeleine afirmou que fazia pouco tempo que havia descoberto que seus pais estiveram num Campo de Concentração. Com a exposição de que a maior interessada na guerra era uma funcionária americana de origem israelita, seguindo a linha de seus mestres de forma aberta, esvaziou as intenções de guerra, ficando essa ideia sem nenhuma ação expressiva. Admirado pela limpidez da argumentação comentei: realmente eu nunca havia entendido aquela questão do vestido da estagiária, e agora a coisa me parece clara. Malediel tentou argumentar, isso tudo foi uma sequência de coincidências que estão sendo distorcidas e que levam a conclusões precipitadas.

[...] Desde o Antigo Testamento

Os judeus alegam um direito bíblico que é falso, já que são os autores do livro. Afirmam que a Palestina é a sua terra prometida e que lhes foi dada por Deus por meio de Moisés.

Aqui não pude me controlar e perguntei: você coloca em dúvida o que consta sobre o Êxodo e Moisés?

Malediel vendo que toda a sua base de argumentação estava sendo minada tentou argumentar: tudo o que consta sobre o Êxodo já foi comprovado inclusive em descobertas arqueológicas. Não existe narrativa mais sublime do que a do encontro de Moisés com Deus no alto da montanha e o seu retorno com as duas Tábuas da Lei, escritas pela própria divindade. Veralgor começou calmamente a sua dissertação sobre o que sabia sobre Moisés e sua atuação. O povo egípcio se preocupou ao longo de sua história em gravar todos os fatos importantes que pudessem ocorrer em toda sua área de influência, é de grande interesse se verificar que em nenhum momento, por mais que os egiptólogos tenham procurado não se encontra o registro de que os judeus tenham sido escravos naquela terra. Existe uma menção a uma tribo semítica que viveria no Egito, mas não com o nome de judeus ou hebreus e menos ainda como escravos. No Velho Testamento temos a versão de que Moisés teria sido criado como príncipe por uma filha do faraó, após tê-lo retirado das águas do Nilo, onde fora lançado num cesto por sua mãe para salvá-lo da matança ordenada pelo faraó contra todos os recém-nascidos masculinos. Essa narrativa sobre a matança de primogênitos é muito parecida com outra existente no Novo Testamento, quando Herodes teria mandado matar os meninos nascidos dentro de um período, com medo de que um deles fosse o rei prometido de Israel. O modo como Moisés teria sido retirado das águas pela filha do faraó, após ter sido atirado ao rio numa cesta de vime, é demonstrativo do espírito conspirativo do povo hebreu, que teria preparado o encontro do menino pela princesa egípcia. Criado pela família real como um príncipe, na época ideal foi instruído sobre a história de seu povo e a partir disso inicia-se sua saga, quando em certo momento resolveu tirar os hebreus daquela terra, levando-os para uma região prometida por seu Deus, e que para tanto teriam ficado vagando por quarenta anos. São citadas na Bíblia as sete pragas do

Egito, que por algum descuido dos escribas daquele povo tão organizado não foram registradas. Um povo que anotava todos os detalhes, por mais insignificantes que fossem, esqueceram-se de anotar as terríveis pragas que assolaram sua terra, como está narrado na Bíblia, além da perda do seu exército quando as águas do Mar Vermelho se fecharam após a passagem dos judeus. Lamentável descuido.

Ora, se verificarmos a distância entre o Egito e a Palestina, mesmo com todas as lutas e reveses narrados pela Bíblia, não existe consistência na versão da demora de 40 anos para alcançarem aquela terra, primeiro em razão de que os judeus já haviam saído da Palestina alguns séculos antes por que a região não lhes fornecia meios de subsistência, então não existe o porquê falar em terra prometida por seu Deus, devendo ser, portanto, esta outra parte do planeta.

Ocorre que se confrontarmos inúmeros nomes de locais com os mapas do oriente, temos que o mais certo seria que Moisés tenha levado seu povo para o vale da Caxemira na Índia, onde até hoje vivem várias tribos de judeus, mantendo tradições antiquíssimas. Na região as tradições falam sobre isso, porém são negadas pelos rabinos judeus do restante do mundo, já que lhes interessam manter a versão de que seu povo foi conduzido por Moisés para a Palestina, pois durante a ausência por séculos, essa região havia se tornado o cruzamento de inúmeras rotas comerciais e com tal interesse procuram valer um possível direito divino.

Caso fosse comprovada que na verdade Moisés tivesse levado seu povo para a Índia, ficaria explicada a versão das tribos perdidas de Israel, que estariam vivendo na região desde tempos imemoriais. Veralgor continuou sua longa dissertação: os judeus utilizam a lenda das 10 tribos perdidas de Israel para tentarem provar que toda a humanidade foi originada de seu próprio povo e que não aceitando o seu Deus, teriam sido castigados.

No século XIX criou-se uma religião nos Estados Unidos da América, os Mórmons, na pessoa de Joseph Smith, um alegado profeta que teria recebido do anjo Moroni umas placas de ouro que contariam a história de parte do povo judeu, que fugindo da Babilônia teria chegado a essa região do mundo. Como tais placas de ouro nunca teriam aparecido, com a alegação de que o anjo as teria levado embora, começou um movimento de repulsa a essa seita e para evitar que desaparecesse, foi organizada uma reação de defesa por parte de Bringham Young e um grande número de acólitos que puseram sua influência em jogo e fizeram uma declaração pública jurando terem visto tais placas. Essa religião foi criada para explicar a origem dos índios, dos negros e dos orientais, todos eles, segundo eles, judeus castigados por sua incredulidade e por terem adorado falsos ídolos e também para provar que na realidade teriam sido os judeus que primeiro descobriram a América, isso há mais de dois mil anos. No Velho Testamento, na narrativa do Êxodo, temos a caracterização dos judeus como escravos no Egito, o que na verdade não ocorreu e leva-nos a pensar em vários tópicos a serem considerados. Um deles é a própria escravidão, com todas as suas consequências e implicações, tanto naquela época como em todas as outras. Você afirma que os judeus não foram escravos no Egito e quais as consequências e implicações decorrentes da escravidão qualquer que seja ela, tanto para um povo como para os outros?

Malediel afirmou debochando, Veralgor coloca dúvidas em todas as afirmações Consagradas da história e da própria Bíblia.

Muito sério, Veralgor, continuou sua narrativa: os judeus foram para o Egito por iniciativa própria, e se sentiram oprimidos por não quererem se submeter ao poder e leis do Faraó, assim como os próprios egípcios. Na realidade nunca foram em muito grande número naquele país, e quando a sua população aumentou, quiseram impor seu modo de vida aos próprios egípcios e como o judeu é um povo conspirador, seus mestres começaram a criar situações para sofrer repressões por parte dos governantes, fazendo com que a massa, inculta judaica se revoltasse. Como os mestres pregavam que estavam sendo escravizados, isso impregnou a alma judaica, fazendo com que ao longo dos séculos se tornassem racistas (judeu é um povo puro, tanto que só é considerado judeu o filho da mulher judia) e megalômanos (único povo eleito e com direitos as promessas de Deus), considerando-se o povo eleito, herdeiro de uma grande nação, como uma forma de compensar o sentimento de inveja que sentiam com relação a outros povos.

O que não se ensinou sobre a escravidão

A escravidão em si não muda ao longo da história, sendo uma humilhação para quem a sofre, porém nem sempre é mostrado com essa característica. Vamos falar da escravidão mais recente de que temos notícia.

Quase todas as pessoas cresceram vendo em filmes e livros de histórias sobre surras sangrentas dadas nos negros no tempo da escravidão, o que sabemos, na realidade ocorria em muito pequena escala, de forma anômala, já que o africano e seus descendentes na época valiam o preço de três cavalos de raça. E embora ocorram casos doentios, iguais os que temos hoje, ninguém em sã consciência destrói com chicote um cavalo de raça, ou sua fonte de renda. Um escravo marcado de chicote não era vendido a bom preço, portanto, se era indócil e rebelde, não era chicoteado e sim levado ao mercado para ser vendido. *Lembre-se que se torna muito difícil para as pessoas entenderem que o grande mal era a falta de liberdade, a escravidão em si, a sua realidade desonrosa, para quem sofria a escravidão, pois o castigo corporal além de ser visto e identificado a olho nu, causa uma grande comoção. O castigo corporal sempre foi um método de controle usado pelo homem contra o próprio homem, nas famílias (crianças e mulheres surrados sem piedade por desobedecerem a ordens) e nas prisões (quer fossem prisioneiros de guerra, quer prisioneiros civis) temos como triste exemplo no Brasil, o período da ditadura.*

Diante disso utilizam imagens que servem para que as pessoas se sintam chocadas com as cenas de violência, com muito sangue derramado, alimentando em nosso povo afrodescendente um sentimento de autopiedade que o impede de se impor como homem livre, que é, pois reforça o sentimento de dor que o deixa ainda preso a esse passado doloroso, igual a crianças e mulheres de todas as raças e etnias que um dia foram subjugados, e mesmo quando não mais vivem nessa condição, têm dificuldade de encontrar o lugar que lhe é devido na sociedade.

Nas escolas sempre existiu uma afirmação de que os brancos escravizaram os negros, isso quando, colonizaram a América. Os brancos europeus são de fato culpados por terem se utilizado da mão de obra escrava, subjugando e se arvorando de "dono" do seu semelhante. O que não se ensina na escola, é que o processo de "escravizar" já existia desde a Antiguidade entre os próprios africanos. Perceber que esse tipo de negociação não iniciou com a vinda de africanos para o Brasil e que na realidade os colonizadores não iam até o interior da África para pearem os nativos, estes eram entregues pelos próprios negros na beira do mar. A escravidão era prática comum entre as tribos, que vendiam os seus espólios de guerra, como em todo o mundo antigo, estavam os bravos guerreiros, seus líderes, reis, rainhas e todo o resto. O que não exclui a responsabilidade moral dos europeus, em tirar proveito disso, perpetuando esta situação desonrosa para o seu semelhante. Na Europa era comum durante a Idade Antiga e Medieval a existência de escravos de qualquer origem, inclusive os de pele branca, sempre capturados em guerras, a grande diferença do que acontecia com o povo africano, era que a escravidão tinha um limite de tempo e não passavam para os filhos.

A história contada na escola, também não faz menção às revoltas dos escravos, até que começassem a surgir as novas gerações nascidas em solo brasileiro. Isso por que não fazia parte da cultura dos africanos se rebelarem contra a situação de escravidão. Para eles a honra de um povo estava na capacidade de defender sua tribo, perdida a guerra e uma vez escravizados, só restava-lhes aceitar a desonra na qual haviam caído. O povo europeu, aproveitando-se desse pensamento coletivo, e por desconhecer a cultura desse povo, passa a desfigurar a personalidade moral dos negros e suas aptidões intelectuais, em que são considerados primitivos, inferior, com mentalidade pré-lógica, sem possibilidades de refletir sobre sua situação e buscar sua liberdade, quando na verdade, eram suas crenças limitantes que os mantinham na escravidão.

Ao longo dos anos, o pensamento coletivo de aceitação da desonra, vai se perdendo nas novas gerações nascidas em solo brasileiro e com isso, os negros nascidos no Brasil são insuflados a buscar a liberdade. Surgem os primeiros levantes, iniciam-se as fugas para as selvas onde criaram os quilombos, grupos de enfrentamento a situação degradante da escravidão, as investidas armadas, o clamor pela liberdade. O novo pensamento alimentado pelo novo anseio entre os homens negros escravizados obriga a criação de diversas leis ao longo dos anos, e a emancipação vai acontecendo de forma gradual com a primeira datada de 1850, conhecida como a Lei Eusébio de Queirós, estabeleceu medidas para a repressão do tráfico de africanos no Império, em seguida veio a Lei do Ventre livre de 1871, logo depois a dos Sexagenários (1885) o que levou a grandes perdas econômicas e passou a se tornar inviável continuar com a escravidão no Brasil, culminando com a Lei Áurea (1888). Diante disso, Martinico Prado e Joaquim Nabuco, principalmente, que pregavam a utilização de mão de obra livre, importando-a da Europa, já que pagariam um salário miserável (exploração do trabalho análogo ao escravo, agora com brancos muito pobres e asiáticos) e o trabalhador seria responsável por sua mulher e filhos, eliminando esse custo das contas do fazendeiro e do insipiente empresário que estivesse arriscando uma atividade industrial naquela época.

E o racismo?, perguntei a Veralgor.

O racismo é decorrente da ignorância que produz a aversão pelo que é diferente e um desprezo pelo que se considera inferior, por desconhecimento total das leis do universo e da cultura de um povo ou de um grupo. O racismo em si é idiota e irracional, já que todos, independentes de raça ou etnia, somos passageiros neste mesmo barco que vaga pelo espaço. Somos parte do universo, as vidas de todo ser humano acontecem igualmente nos mundos físico, mental, emocional e espiritual, o qual chamamos de teoria do quadrante. Porém por instinto de proteção, todos os seres humanos agrupam-se com seus iguais e desconfiam dos que lhes são diferentes. Numa sociedade evoluída, onde o conhecimento é cultivado, tais diferenças são sublimadas, e todos, independentemente de sua cultura, raça ou cor, têm sua individualidade respeitada. Ninguém é obrigado amar (como prega hipocritamente o cristianismo) uma pessoa que não seja de sua raça, etnia do seu grupo, porém todos têm a obrigação moral e o dever de respeitar os direitos dessa pessoa, tratando-o com dignidade e cortesia, permitindo que possa usufruir tudo que lhe é garantido, pois todos são parte do mesmo universo.

O racismo está muito bem caracterizado no direito brasileiro, onde fica claro que impedir ou privar alguém de exercer um direito em razão de sua raça ou etnia é crime. É comum vermos pessoas de origem afro utilizando camisetas com o dizer "100% negro". Sei que existem pessoas que por herdarem informações genéticas muito fortes dos seus antepassados, sentem-se impelidas a fazer tal afirmação, o que é desnecessário, pois no Brasil, não existe raça ou etnia 100%, não depois de todo esse processo de miscigenação, de mais de 500 anos, já que somos um povo, programado, desde a colonização para ser um país de mestiços. Há brasileiros que podem ter a pele branca, mais esses não podem se considerar raça branca, pois todos os povos que aqui chegaram, foram envolvidos pela pluralidade das raças que forma o Brasil de hoje.

Muito atento ao que estava sendo dito, perguntei: a dominação europeia, a escravidão negra e o domínio sobre os índios influenciaram sobre a conduta, a moral e psicologia da grande massa brasileira, formada em sua maioria por mestiços? Qual a razão disso? Malediel tentou falar o que pensava: a grande miscigenação brasileira gerou um povo mais paciente e tolerante, já que ao se libertarem, os povos oprimidos tendem a evitar praticar os mesmos males que os pressionaram durante grande período da história. Veralgor contestou: isso na realidade não ocorre, em parte alguma onde tenha havido opressão de qualquer forma, os oprimidos por qualquer forma, quando deixam de sê-lo passam a agir de forma muito mais radical do que seus opressores. Isso acontece porque existe uma programação mental, da qual não temos completo domínio e que se forma em nossa mente a partir do que ouvimos, sentimos e do que é transmitido por nossa memória genética, está armazenado no subconsciente, assim, o que sentimos vibramos, o que vibramos reproduzimos, mesmo que inconsciente. Isso ocorreu na África após a libertação do regime colonial e é visto atualmente em Israel, onde esse povo atua contra os Palestinos de forma tão ou mais cruel do que as práticas alemãs na Grande Guerra, inclusive criando um gueto gigantesco com a construção do muro que separa Israel de seus inimigos. Voltando à questão anterior, temos que ocorreu uma sujeição pacífica do negro à escravidão, em razão de isto já fazer parte da história da África, o que facilitou e muito, o domínio do povo europeu. O indígena que não serviu para a escravidão, pelo menos no Brasil, não por ser dotado de um sentimento de liberdade, mas sim por sua cultura própria e por ter desenvolvido um modo de viver, totalmente fora de qualquer tipo de padrão conhecido pelo europeu. Num deslumbramento quase infantil pelo desconhecido, entregou a terra a troco de bugigangas que acreditava ter um imenso valor, só que posteriormente vieram, a saber, nada valer. O mesmo ocorre até hoje quando os índios trocam tudo o que existe de valor em suas reservas, só no futuro se perceberá ter sido efêmero e devastador.

A programação mental de submissão de um povo, alinhada a o espírito aventureiro e explorador de outro, somado a conduta amoral indígena, gerou uma psicologia de massa muito ingrata,

Na mestiçagem o inconsciente coletivo e a memória genética dos ancestrais ficam comprometidas, podendo haver a perda de informações importantes das raças envolvidas.

INICIANDO O GRANDE DOMÍNIO

Estávamos ouvindo a Veralgor quando passamos por alguns indígenas que caminhavam ao longo da estrada com aparência desgastada e doentia, e fiz um comentário sobre a crueldade que a colonização havia feito a esse povo, o que fez com que o demônio verde respondesse com uma pergunta estranha — Vocês sabem me dizer qual foi a colonização mais cruel e prolongada que o mundo conheceu?

— Acredito que tenha sido a decorrente da conquista da América pelos europeus — respondi meio indeciso.

Malediel foi incisivo — Evidente que foi a praticada pelos europeus na América, principalmente na área de dominação espanhola.

Nada disso — disse Veralgor e continuou — A mais cruel colonização cultural praticada até hoje foi a da Europa, onde por mais de 1700 anos se utilizou da força e da barbárie para a imposição de uma mensagem religiosa que favorecia apenas um povo.

De forma insidiosa, planejada por séculos foi criada uma história fictícia para um povo, dando-lhe uma mentalidade racista e discriminadora, onde se fez que esse povo acreditasse ter sido escolhido por seu deus, inicialmente apenas uma divindade tribal, porém, transformada no criador de todo o universo, do qual aquele povo não possuía a noção de sua grandeza e que fosse alguma coisa maior de que o planeta terra, que em sua concepção era o centro de tudo.

A Religião judaica e o domínio

Os sábios desse povo, aproximadamente no século VII a.C. fizeram uma compilação de todas as tradições das várias tribos que o compunham, quase tudo obtido de outros povos durante suas andanças desde a Índia até o Oriente Médio durante centenas de anos, fazendo crer que aqueles diferentes grupos humanos tinham uma origem comum. Criaram uma figura ancestral que seria o pai comum daquelas diferentes tribos, Abraão, casado com Sarai, facilmente identificados com os ancestrais hindus Brahma e Saravasti. Deram a esse ancestral a ideia de ter acreditado em um Deus único, como se este tivesse tido esta revelação, quando se nota facilmente que tal ideia foi trazida do Egito, onde o Faraó Akhenaton havia tentado essa revolução religiosa, substituindo os diversos deuses pelo único Aton.

Jogaram o tempo em que tal ancestral vivera a um tempo incerto, dando alguns pontos geográficos da antiguidade que levam a um período de aproximadamente 3.500 anos.

Criaram diversos ancestrais derivados desse primeiro casal, alguns heroicos, que teriam sido apoiados pelo seu deus único. Criaram um mítico personagem que teria vivido entre os egípcios e teria resgatado seu povo para uma terra prometida, a mesma de onde o povo em questão já havia anteriormente emigrado. Tal personagem teria feito uma série de prodígios que não constam em nenhum dos registros feitos pelos egípcios e que passaram a ser estudados pelos arqueólogos a partir de meados do século XIX. Evidentemente que os sábios do povo em questão desconheciam a possibilidade de que os registros históricos dos egípcios, cobrindo um período tão longo pudessem vir a ser descobertos no futuro e ainda mais, pudessem ser compreendidos.

Para criar um clima de terror e obediência religiosa no referido povo, para assim poder facilmente controlá-lo, criaram uma série de profetas que teriam realizado previsões reveladas pela sua divindade, porém ocorre que no momento da compilação das tradições as desgraças já haviam ocorrido, sendo muito fácil colocá-las como tendo sido previstas por tais videntes.

Além de toda a criação fictícia do povo, colocando todas as tribos como sendo descendentes dos diversos filhos de um patriarca comum, fizeram crer a esse povo que seu deus os havia escolhido para que deles descendessem quase todos os povos da terra e que ao final dos séculos esse povo seria colocado acima de todas as nações. Isso era uma clara pretensão divina para eles e uma maldição para os outros povos.

Num claro desprezo por seus vizinhos árabes, muito mais antigos do que eles, colocaram nessa compilação de tradições que estes seriam descendentes de um filho bastardo do referido patriarca com uma escrava e que depois esta teria sido expulsa com sua cria para o deserto, com apenas água e pão. Para justificar que os árabes ainda existissem depois disso, afirmaram que o seu deus tribal teria confortado a escrava, dizendo que seu filho Ismael seria o pai de uma nação de muitos.

Nessa compilação feita no século VII a.C. deram um caráter racista e exclusivista à religião para o seu povo, imprimindo a circuncisão como marca.

No retorno da Babilônia cerca de 570 A.C. Neemias procurou endurecer a cobrança moral junto ao seu povo, exigindo que a mentalidade racista fosse cumprida, desmanchando casamentos com cônjuges de outros povos, fazendo com que fossem expulsos. Procurou converter outros povos a sua religião pelo poder das armas, porém sem dar as vantagens de seu próprio povo aos convertidos, o que trouxe muitos problemas, já que os convertidos queriam ser tratados como legítimos crentes.

Estava criado o ambiente para a criação do cristianismo e do islamismo, pois, era necessário impor o seu deus aos outros povos, fazendo-os crer no mesmo em que acreditavam, porém com uma marca distintiva que não permitiria que os novos crentes tivessem os direitos a que se arrogavam os membros do povo eleito.

Diferentemente dos outros povos da antiguidade, o povo eleito tinha uma noção do tempo linear, enquanto os outros aceitavam o tempo circular, isto é, este acreditava num tempo numa linha contínua, enquanto os outros acreditavam que o tempo se movia em círculos avançando no espaço, o que fazia com que ocorresse repetição de fatos, embora com nova roupagem. O modo de crer numa forma linear permitia que os sábios fizessem uma projeção em longo prazo, não importando os sacrifícios que fossem necessários impor ao seu próprio povo.

O povo eleito sempre, ao longo dos séculos se fez passar por vítima, alegando ser perseguido por sua crença em um deus único, porém, na realidade, vivendo sempre como uma parasita grudada no tronco de uma árvore, que seriam os outros povos no meio dos quais passava a viver, sempre tentando obter vantagens que eram conseguidas, no entanto não aceitavam as obrigações a que cada povo estava sujeito. Não havendo a contrapartida as vantagens concedidas, o povo eleito passava a ser penalizado e daí, alegava ser perseguido. Isso ocorreu no Egito, onde alegaram ter sido escravos, porém não existe registro de tal fato nos documentos encontrados pelos arqueólogos. Posteriormente teria ocorrido o mesmo na Assíria e em seguida na Babilônia.

Quando Roma surgiu no cenário do médio oriente, no ano 63 a.C., os sábios do povo eleito viram a oportunidade de continuarem com seus planos, já que os soldados romanos haviam trazido da Pérsia o deus Mitra, caracterizado por ser igualitário, não fazendo diferença entre ricos e pobres, entre comandados e comandantes. O único obstáculo era a necessidade de oito anos de preparação para que alguém pudesse ser declarado um fiel.

As características do deus persa, com o entusiasmo que causava nas classes mais baixas e incultas da população, aliadas a algumas ideias dos filósofos gregos, deram aos sábios do povo eleito, nessa altura já helenizados, o modelo para o novo avatar que, segundo a tradição, com a nova era cósmica que se aproximava, deveria surgir no mundo, e que eles não deixariam a oportunidade passar e fazer crer que este nascera em sua terra, do seio de seu povo, aproveitando-se das profecias que haviam feito sair da boca do profeta Isaías.

Criaram uma versão histórica sobre esse personagem, citando o seu nascimento, indicando uma miraculosa indicação por meio de uma estrela e posteriormente os seus três últimos anos de vida. Criaram e citaram uma possível fuga dos pais para o Egito, já que o governante do povo eleito, nessa altura um estrangeiro, embora convertido à sua religião, teria efetuado uma matança de crianças recém-nascidas, já que do meio delas sairia o futuro rei da nação. Essa matança, evidentemente copiada de textos mais antigos, numa repetição muito comum nos escritos religiosos desse povo, na realidade nunca teria ocorrido, não tendo sido encontrado nenhum registro do fato anotado pelas tropas romanas de ocupação, que a tudo prestavam atenção e registravam de forma sistemática. Se tal personagem fosse realmente importante como pretendem os pregadores religiosos, os romanos teriam efetuado registros diversos sobre ele, sobre sua vida, seus prodígios e sua morte, no entanto, o único líder religioso do povo eleito que teria sido crucificado, cujo registro foi encontrado, teria sido no momento da entrada das tropas romanas na região no ano 63 a.C., sendo citado como um mestre de justiça.

O personagem criado pelos mestres do povo eleito, cujo nome não era citado, embora pudesse ser Yoshua ou Iessuf, não se sabendo ao certo, pelo menos nos primeiros dois séculos após sua pretensa execução, recebeu o epíteto grego de Cristo, ou seja, o "ungido" ou o "iluminado". Nesse período foram escritos diversos evangelhos, ou textos para divulgação.

Foram criadas diversas versões sobre perseguições romanas contra os fiéis dessa nova fé, para dar credibilidade à nova crença, bem ao estilo do povo eleito, que sempre se fez passar por perseguido, porém nenhuma destas alegadas perseguições se fez em razão da religião e sim pelo caráter subversivo e exclusivista, os alegados cristãos afirmavam que os outros possuíam crenças nocivas, mania herdada da religião primitiva que lhes tinha dado origem.

Com o imperador Constantino chegando ao poder, num momento em que o império romano se enfraquecia, este foi induzido a escolher uma religião para unir o povo, sendo que duas lhe causavam interesse. A primeira era o Mitraismo, já adotada pelas tropas romanas, e a outra o cristianismo que lhe foi sugerida por sua mãe, ela mesmo oriunda do povo eleito, e por sua mulher fiel a essa fé, assim como instigado por diversos padres daquela religião, todos daquele povo. Constantino pesou bem, sendo que o Mitraismo dependia de oito anos de estudos dos seus mistérios para que alguém fosse considerado um fiel, enquanto na outra religião bastava que jogassem água sobre a cabeça do neófito para que este fosse aceito. Pesou muito mais a afirmação constante na doutrina, em que se dizia "dai a César o que é de César e a Deus o que é de Deus" e em outro ponto, "aos pobres o reino dos céus", o que era muito propício a quem mandava.

Criou-se toda uma mitologia sobre essa escolha, inclusive uma versão aproximada do que consta ter ocorrido com o apóstolo Paulo, que no fragor de uma batalha o César teria visto um símbolo no céu com o dizer "in hoc signus vincit", ou seja, "com este sinal vencerás", e que teria passado a ser carregado por suas legiões. Em verdade o imperador nunca se converteu, apenas utilizou-se de tal religião, muito propícia a quem detinha o poder.

Como de praxe, os melhores do povo eleito sempre estiveram ao lado de quem mandava, bajulando e aproveitando-se de oportunidades, mesmo quando alegadamente estavam como escravos em algum império, isso ao longo da história, conforme se lê em seu livro sagrado. Imaginem então o que fizeram quando conseguiram que o imperador adotasse uma religião criada por eles. Utilizaram o que de mais cruel havia na máquina de domínio dos romanos, impondo o poder de ferro e fogo à nova religião que faria com que os povos que mais invejavam passassem a acreditar no seu deus, embora na forma do filho deste, presumidamente torturado e morto para salvar a humanidade.

Utilizaram-se do imperador para transformar o obscuro avatar do deserto em um ser divinizado, consubstanciado com o seu deus, onde embora fossem pai e filho, eram um mesmo ser. O nome desse avatar que era apenas citado como o "cristo", passou a ser chamado de Jesus, numa tradução tortuosa do Yeshoua ou Iessuf para que pudesse ser aceito na Europa, onde na maioria das regiões era conhecida a Trindade Sagrada de Teutatis, **Esus** e Taranis.

Os sábios celtas, os Druidas, consideravam como Deus a Grande inteligência Universal, em que tudo e todos possuem cromossomas memoria, e essa grande divindade não se incomoda com os indivíduos de qualquer espécie e sim com toda a universalidade. Para a massa comum dos mortais, sem nenhuma cultura ou capacidade de entendimento, tais sábios criaram uma sequencia de divindades, inclusive a grande Trindade, Teutatis, Esus e Taranis.

O povo eleito com a introdução desse alegado filho de deus, conseguiu anular o poder dos Druidas e, por conseguinte a força céltica que se contrapunha a Roma e a partir dai, com o cristianismo, passou a eliminar toda a história do povo celta.

Tudo foi de tal forma imaginado pelos mestres judaicos, tanto que na nova religião cristã, a ideia de lucro era pecaminosa e reservada apenas aos crentes da antiga lei mosaica, e isso fez com que ao longo da história os judeus pudessem ser os financiadores dos reis, enquanto aos cristãos era proibido tal prática.

Essa questão do nome do novo avatar levou o povo celta da Irlanda, os primeiros a se converter à nova religião, a pensar que estava crendo no seu próprio deus, membro daquela trindade e somente após mais de dois séculos foi descobrir que havia sido enganado e que estava cultuando uma divindade de um deserto cuja localização desconhecia completamente, e no momento dessa constatação passou a ser duramente reprimido pelos judeu-cristãos, a essa altura já senhores do império romano.

Após adquirirem o controle do Império Romano, passaram de forma sistemática a destruir toda e qualquer forma superior de cultura existente na Europa, fazendo com que a tradição sagrada fosse considerada demoníaca, e onde não puderam destruir material ou moralmente, distorceram e incorporaram alguns ritos e divindades dos chamados pagãos à nova religião de culto teofágico, em que de forma simbólica comem e bebem a carne e o sangue do filho divinizado de seu deus.

Muito inteligentemente os sábios do povo eleito de imediato deixaram claro, desde o início, que não aceitavam a qualidade de messias, avatar ou cristo da figura que haviam criado, pois sendo seu povo conhecido em todo o mundo civilizado da época como mentiroso, conspiratório e dado a intrigas, os outros teriam colocado em dúvida o que afirmavam sobre aquele personagem.

Após alguns séculos, já tendo conseguido por meio de trapaças, ameaças e terror conseguido com sucesso que sua criação religiosa estivesse instalada na Europa, com grande parte da humanidade ocidental acreditando em seu deus, sem, contudo, poderem ser incorporados ao "povo eleito", partiram para sua maior cartada, ou seja, humilhar totalmente seu maior inimigo, a quem sempre invejaram e desprezaram os árabes. Utilizando-se de um indivíduo desajustado, ambicioso e facilmente controlável, fizeram com que este se casasse com uma viúva rica originária do povo eleito, cercada por homens desse povo, fizeram com que este acreditasse estar ouvindo vozes do arcanjo Gabriel e como era analfabeto, escreveram um novo livro sagrado, em que se utilizando da alteração histórica já feita anteriormente, quando registraram que os árabes eram descendentes de um filho de uma escrava com o seu patriarca ancestral, arrasaram com as crenças antigas, deixando apenas a pedra negra existente na Caaba. Para não ficar muito clara a filiação da nova religião com a antiga do povo eleito, os sábios não adotaram o nome de seu deus para o Islamismo, mas apenas um dos seus milhares de nomes.

A filiação do livro sagrado dos cristãos e dos árabes com o velho testamento é tão clara que somente não percebem os que não querem ver, inclusive na formação das frases e composição das afirmações.

Mais uma vez o povo eleito foi vitorioso e conseguiu com que milhares de pessoas passassem a crer que fossem descendentes dele e acreditassem em seu deus, ainda mais uma vez sem serem considerados em razão disso escolhidos pelo referido deus, primazia do povo original.

Os árabes foram induzidos inicialmente por tal indivíduo ambicioso a partir para uma guerra santa, seguida por seus alegados parentes, após sua morte, sendo que dominaram grande parte do restante do mundo.

Da religião original dos árabes existem vestígios nas religiões dos povos negros que haviam tido relacionamento na mais alta antiguidade com mercadores árabes e adotaram destes suas crenças.

Estavam consumadas as duas primeiras partes da grande conspiração que enterrou o mundo numa crença infantil, exclusivista, que atrasou o mundo por dois mil anos.

As Américas eram visitadas regularmente aproximadamente desde 1000 a.C. sem intenção de domínio, apenas para comércio, pelo povo celta e basco. Tanto o nome América como o do Brasil são de origem celta e após a conquista, em razão do cristianismo ao permitir que sejam reconhecidas as façanhas anteriores a essa religião, deram então alegações estapafúrdias para os nomes adotados. Amerika ou Ameriqua significava terra do outro lado e Hy Brasil, que era adotado para a parte central e sul do continente, significava Terra ou Jardim das Delícias, sendo citada inclusive nos *Doze Trabalhos de Hércules*.

Com a invasão dos Romanos na Península Ibérica, reduziu-se o número de viagens à América, sendo efetuadas de forma muito esporádica para que o segredo não se tornasse conhecido. Com a invasão árabe ocorrida no século VIII d.C., para impedir que estes tomassem conhecimento do segredo, cessaram de vez as viagens dos Celtas e Bascos, pois diferentes dos romanos, o povo invasor era bom navegante e poderia avançar para oeste pelo Atlântico.

Quando do fim do domínio árabe na Espanha, de imediato ocupou-se de retomar o controle do caminho do oeste, porém o conhecimento total sobre a rota e o que seria encontrado, em decorrência dos vários séculos sem o trânsito, quase havia se tornado lenda, e muita coisa havia mudado na mentalidade dos povos que compunham a Espanha, dada a degeneração psicológica decorrente da religião cristã. Embora tenham decretado que o povo eleito seria expulso da Espanha, os reis católicos da Espanha viviam sob a influência de banqueiros daquele povo, e estes financiaram a invasão à América, não com a mentalidade pagã de comércio e troca, e sim de domínio e imposição da fé sacrílega dos teófagos.

Criou-se toda uma história de que um navegador genovês teria lutado para impor sua ideia de que havia uma terra do outro lado do oceano, porém esse personagem não sabia contar a sua origem e demonstrava ser membro do povo eleito e com a ajuda dos banqueiros de seu povo, aproximou-se da imbecilizada rainha católica espanhola e conseguiu convencê-la de que pretendia efetuar a viagem para a grandeza do reino. Interessante que as naves comandadas pelo convertido Cristovão (Cristoferens) saíram do Porto de Palos na hora final dada ao povo eleito para saírem da Espanha.

Como o referido genovês era um tanto atrapalhado, fizeram com que se demorasse nas ilhas enquanto outro navegador, também originário do povo eleito, Américo Vespúcio, chegava até o continente americano.

Os europeus chegados ao local onde hoje está o México, e posteriormente ao local do atual Peru, estranharam que os indígenas comentavam sobre os deuses brancos e barbudos que há muito tempo lhes haviam ensinado muitas coisas e posteriormente voltaram para casa, indo pelo mar do leste, ou seja, o próprio Atlântico.

Feita a conquista da América, passados três séculos, como alguns estudiosos estavam obtendo provas de que o continente americano realmente havia sido visitado muito antes de Cristo pelos celtas e bascos, foram adotadas duas frentes para calar essa informação, já que somente o povo eleito e os cristãos poderiam ter conseguido essa façanha, com a força de seu deus. Para tanto criaram uma reação de cientistas negando a possibilidade de que brancos barbudos tivessem participado de uma colonização pacífica desde pelo menos 1000 a.C. e para reforçar essa negativa criaram uma nova religião nos Estados Unidos da América, os Mórmons, para fazerem crer que uma nova revelação divina garantia que o povo eleito em razão de guerra, apoiado por seu deus, teria vindo parar na América em data anterior a 1000 a.C.

Embora, em razão do radicalismo do novo movimento, não tenham conseguido o sucesso das duas outras religiões anteriores, conseguiram fazer com que essa seita se tornasse uma das mais ricas do mundo.

Antes dos sábios semitas terem criado sua religião para fim de controle mental e político do que se passou a ser chamado povo eleito, as crenças eram utilizadas somente para tentar explicar a origem do mundo e do homem, havendo tolerância total para qualquer forma de crença. Com essa criação e as posteriores cristã e islâmica, ficou estabelecida a intolerância e as perseguições de cunho religioso.

Analisando do ponto de vista lógico, a religião do povo eleito é terrivelmente infantil, com o deus que teria criado todo o universo se manifestando diretamente a um homem, escondido para que ninguém mais o visse e isso sendo considerado como uma verdade absoluta. Isso nos lembra dos rituais xamânicos, em que o indígena fica em uma gruta, em absoluto jejum até que seu corpo esteja tão frágil e sua mente comece a variar, passando a ter visões que a divindade lhe fala diretamente. E a partir daí o povo eleito passa a considerar toda e qualquer manifestação dos outros povos como se aqueles estivessem crendo em falsos deuses e que sua crença seria a única verdadeira.

Ocorre que uma das maiores falsidades inculcadas na humanidade ocidental é a de que a crença em um deus único seria a grande conquista dos homens, como a pregada pelos sábios do povo eleito, já que na realidade os outros povos não acreditavam que uma divindade que houvesse criado todo o universo pudesse falar a qualquer pessoa, pois, estaria em um nível tão superior que não estaria acessível. Os seus cultos eram feitos para as diversas manifestações do grande poder cósmico, as quais davam nomes diversos, mas sabiam que aquelas divindades somente poderiam ser percebidas por suas próprias manifestações e não por uma presença física.

Já os sábios do povo eleito, em sua arrogância, crentes em sua religião infantil, se arvoraram em senhores da verdade e críticos de todos os outros povos, chamando-os de bárbaros, quando na verdade estes eram por demais cultos e complacentes com as selvagerias e imbecilidades dos seus vizinhos, mesmo os mais radicais, como o autodenominado povo eleito.

Veralgor ainda continuou — O terrível dessa colonização é que além de terem introduzido uma forma imbecil e infantil de crer, como se fosse a maior dádiva que a humanidade poderia receber, fizeram com que conhecimentos muito importantes, tanto do ponto de vista do saber como da evolução social fossem perdidos e agora, converteram a vida dos europeus num inferno, e após dois mil anos, quando a religião perdeu a força e com o renascimento de algumas formas de entendimento ancestral, as pessoas passaram a ter novamente direitos, havendo uma nova forma de tolerância entre as diversas classes sociais e entre os sexos. Até mesmo a forma de encarar o meio ambiente nada tem de cristão e sim no respeito que os alegados pagãos tinham pela natureza.

Interessante que se verificarmos a filosofia por trás da crença, colocada ali justamente para enfeitar o monstro criado, é interessante, bonita e grega até a raiz do cabelo, ou melhor, platônica, enquanto os princípios trinitários são todos druídicos. O grave no caso é que se deu maior importância e sempre se cobrou mais a crença estúpida em dogmas embutidos na nova fé do que a aplicação dos conceitos sociais ali colocados.

Veralgor não parava de perorar — A intolerância religiosa oriunda da crença judaica passou para suas criações e hoje quando ouvimos a afirmação de que os muçulmanos são responsáveis pelos atos terroristas pelo mundo afora, não encontramos quem se lembre de que na realidade os islâmicos em sua maioria são tolerantes e a única seita realmente radical, a dos xiitas ismaelitas seria uma criação direta dos sábios judeus. Tal seita, criada em 764 d.C., por Abdallah Ben Maimoun, um israelita, alegadamente estava procurando e aguardando a volta de Ismael, o filho do 6º Imã Xiita, vindo daí o nome de seus acólitos – Ismaelitas.

Muitos acreditam que todos os árabes seriam ismaelitas em razão de serem descendentes de Ismael, filho de Abrãao com a escrava Agar, porém somente o são aqueles que pertencem à seita. Nem todos os Xiitas são ismaelitas, apenas os que pertencem à facção. Uma característica dessa seita é que divide o mundo em duas partes bem distintas, a primeira povoada de escravos ignorantes e a segunda de mestres iniciados. Os Ismaelitas não veem problema em morrer por uma causa, já que seu sacrifício é agradável para Allah e serão recompensados após a morte com uma moradia em um paraíso de delícias.

Voltando ao assunto que estava sendo comentado antes de passarmos pelos indígenas, Veralgor continuou — Quanto ao racismo no resto do mundo é outra história. O único povo que fez do preconceito racial uma linha ideológica é o judeu, tanto que seus livros religiosos são verdadeiras obras-primas de racismo, deixando bem enfático que somente eles são o povo escolhido por Deus, e em razão disso o "Senhor dos Exércitos o colocará no fim dos tempos acima de todas as Nações".

Nessa afirmação contida no Velho Testamento (a Torá e o Talmude dos judeus) acreditada desde tempos imemoriais até os dias de hoje, fica clara uma ideologia racista permanente.

Quando o judeu cruzou com outro povo o fez de forma programada, para adquirir alguns caracteres que invejavam em outras raças, como no caso da destruição do império Khazar na Polônia.

Durante aproximadamente 300 anos, de forma sistemática, os judeus estabelecidos onde hoje está a Polônia, cruzaram com aquele povo com a clara intenção de adquirir para a raça os caracteres de cabelos loiros e olhos azuis que os judeus tanto admiravam em alguns romanos e nos celtas em geral.

Dessa cruza surgiu o ramo "askhenazi" dos judeus, ou seja, os judeus da Europa oriental, loiros e de olhos claros, que tanto diferem dos "marranos ou sefarditas", judeus que viviam na península Ibérica e que mantiveram os caracteres originais de sua raça.

Nos campos de concentração morreram muito mais judeus escuros, como são denominados os marranos, mortos em conflitos entre os prisioneiros, do que os "askhenazis", já que na maioria os marranos são ortodoxos e somente aceitavam a criação de um estado de Israel com a vinda do Messias, sendo odiados pelos outros. Entre os judeus mortos nos campos de concentração morreram muito mais pessoas em razão de doenças decorrentes de alguns hábitos higiênicos e alimentares ou então de conflitos étnicos entre si, do que executados pelos alemães.

Porém isso é negado pelos judeus, já que não traria comoção mundial e não poderiam no futuro extorquir vantagens financeiras e sociais, portanto alegaram a destruição em razão da raça, o que não é verdade, quando deveriam confessar que sua conduta em relação aos povos que os acolhem é que levam ao final a uma violenta reação.

Os judeus são tão racistas que desprezam os judeus negros existentes na Abissínia, os "falasha", que se dizem descendentes da Rainha de Sabá. Como esses abissínios se viram atingidos pela seca e perseguidos pelos ditadores daquele país no final da década de 70 do século XX, os judeus de Israel se viram forçados a efetuarem uma simulação de salvamento, para desagravo junto à opinião mundial, tendo sido levados para Israel apenas 50 dos "negros" dentre os milhares que vivem na Abissínia, onde ficaram alguns meses, e após os meios de comunicação terem esquecido o assunto, foram devolvidos à sua terra e deixados à própria sorte. Para efeito de propaganda, até hoje os judeus dizem que tais falashas foram retirados aos milhares da Abissínia e em sua maioria teriam sido integrados ao povo de Israel, o que não é verdade.

Os judeus conhecem muito bem a técnica de se dizerem vítimas de racismo, o alegado "antissemitismo", toda vez que são acusados por práticas errôneas ou por perseguição a outros povos.

Nesse ponto procurei intervir: você está sempre colocando a Bíblia em suspeição, até no tocante a certas alegações do povo judeu.

Malediel aproveitou minha afirmação: estou suspeitando que teremos que internar o nosso amigo Veralgor por paranoia pura.

Veralgor ainda comentou: se prestarem a atenção, verão que, de modo muito capcioso, estão surgindo alguns livros e reportagens em revistas, sobre uma alegada superioridade intelectual judaica, citando-se um grande número de cientistas, escritores, músicos, pintores e outros, originados desse povo, apontados como benfeitores da humanidade.

Segundo estudos, os askhenazis teriam uma superioridade intelectual marcante, e os autores dessas pesquisas, em sua maioria judeus, afirmam que em razão das perseguições sofridas por esse povo, tiveram que viver isolados durante muito tempo, ocorrendo casamentos endogâmicos, isto é, sem a contribuição de sangue novo ao grupo, o que teria gerado uma seleção natural. Segundo afirmam, sendo a religião judaica muito mutável, permitindo análise e entendimentos, o estudo bíblico faz parte do cotidiano e somente tem valor quem se dedica a tais estudos. No confinamento dos guetos esse estudo era quase o único interesse a unir os que ali viviam.

Alegam também que sendo perseguidos, a inteligência e a cultura era a única coisa que restava àquele povo e que não podia ser tomada.

Com o casamento endogâmico entre pessoas com tanta capacidade intelectiva, teria ocorrido a alegada seleção natural.

Ocorre, no entanto, que um fato é omitido pelos judeus.

Sendo senhores de longa data dos meios de comunicação, assim como da divulgação cultural, não por sua capacidade intelectiva, mas sim por serem conduzidos por uma filosofia de grupo ao domínio desses campos, numa forma de mostrarem aos outros povos que são o "escolhido", efetuam uma seleção entre suas crianças, selecionando-as e patrocinando seus estudos e o lançamento ao reconhecimento dos outros povos, de forma programada e intencional.

Temos inclusive alguns apontados como "gênios", muito conhecidos, que na realidade não passavam de aproveitadores que utilizavam ideias de outras pessoas e diziam ser suas, com suas alegações lastreadas por uma imprensa manipulada e contando com o apoio de cientistas de mesma origem étnica.

Veralgor com ar cansado afirmou: você sabe que nada tenho de paranoico Malediel, e você é testemunha do que estou dizendo, já que você esteve em vários dos locais que citei e ainda vou citar, talvez até dando alguma ideia para as coisas. Mais uma vez os judeus se colocam como vítimas com relação aos palestinos, quando na realidade criaram a situação de ódio existente. Hoje chamam os palestinos de terroristas, quando na verdade estes estão tentando lutar para manter seu lar e ter direito à vida.

Terrorismo existe na região, porém praticado por Israel, que é do pior tipo existente, o terrorismo de Estado.

A cada tiro de fuzil dos palestinos, Israel responde com um disparo de míssil. Assim como os americanos, os judeus não respeitam o que é decidido pela ONU.

Nesse ponto é que temos que pensar se os judeus tivessem passado pelo que alardearam os seus meios de comunicação, o alegado Holocausto da II Grande Guerra, seriam os primeiros a mostrar ao mundo seu respeito pela justiça e o equilíbrio.

Concordei pela lógica do argumento, se o que você diz é verdadeiro, e acredito realmente que seja, os judeus não poderiam agir como estão agindo.

Malediel contrafeito, Veralgor está muito radical em suas afirmações.

Veralgor, com certa irritação: pelos seus meios de comunicação em todo o mundo, se apresentam como vítimas, como eternos perseguidos, quando na realidade sempre estiveram lucrando com todas as barbaridades ocorridas no Ocidente nos últimos dois mil anos. Citemos outro exemplo de conspiração.

Vejamos, por exemplo, a supressão das fronteiras, uma das últimas metas dos "Protocolos dos Sábios de Sião", e que foram implantadas com a criação dos Mercados Comuns, nas últimas décadas do século XX.

Certas regras adotadas, somente interessam aos internacionalistas, ou seja, ao judaísmo internacional.

Para terem acesso irrestrito, os internacionalistas que atuam em vários países, adotam métodos variados, e mesmo no Brasil temos alguns casos interessantes, como no caso da família Civitta, controladores da Abril Cultural, em que cada membro possui uma nacionalidade diferente.

O termo antissemitismo foi criado pelos judeus para alegarem perseguição por racismo, quando na realidade nunca foi a razão do antagonismo contra eles e sim por sua filosofia de não enquadramento com o povo que os acolhe.

Em alguns casos conseguem, inclusive, injetarem sua filosofia no país onde são acolhidos. O interessante é que a mentalidade judaica de predomínio mundial e vingança eterna permearam a filosofia de vida do povo inglês e o americano.

Comecemos por uma análise histórica do desenvolvimento dessa filosofia.

A América já era conhecida a milhares de anos pelos povos Celta e Basco, porém estes não possuíam a mentalidade de domínio cultural e ingerência plena, contentando-se simplesmente com a prática comercial. Essa afirmação é comprovada, embora os historiadores servis à Conjura neguem, pelos documentos dos povos maias e outros poucos, salvos da destruição programada pelos padres judaizantes, em que se lê sobre a presença ao longo da história de homens brancos e barbudos que teriam vivido no meio daqueles povos e que se retiraram para leste pelo mar. As sagas dos povos do norte falam sobre as viagens aos países do ocidente e os arquivos do Vaticano falam sobre a cobrança de dízimo nas colônias do outro lado do mar do oeste antes do ano 900.

Quando Colombo ofereceu seus serviços aos Reis de Espanha, que devido ao domínio árabe tinham perdido o controle sobre as rotas para as Américas, não havia a intenção de lhes oferecer novas terras e sim a criação da Nova Sião, tanto que os financiadores foram os aliados do banqueiro judeu Santangel. Aproveitando-se da expulsão dos judeus da Espanha, o judeu galego Cristobal Colón (a história confunde ginovês, judeu galego convertido, com genovês, originário da cidade de Gênova) deixou para partir com seus navios na última hora do prazo final dado a seu povo para deixar a península. Interessante que esse aventureiro adotou o nome de Cristófaro Colombo, "a pomba que conduz Cristo", evidentemente para confundir os reis espanhóis que eram fanáticos cristãos. Nunca houve a intenção de se chegar às Índias e o Almirante tinha conhecimento de que não daria a volta ao mundo e sim chegaria a um continente colocado a meio caminho, já que recebera informações entre os galegos sobre isso, nas suas pesquisas, principalmente em mosteiros e de certo naufrago a quem teria socorrido, conforme o narrado por seu filho Diego.

Foi escolhida a região norte da América, onde hoje está os Estados Unidos como sede da Nova Sion, tanto que os fundadores das Colônias do Norte eram todos de seitas cristãs que veneram o Velho Testamento, ou seja, o Torá judaico.

Quando a Inglaterra se separou de Roma, isso ocorreu em razão dos judeus credores de Henrique VIII terem feito pressão sobre o rei, oferecendo perdão de suas dívidas desde que se separasse do papado. Existe uma lógica para isso, já que o Catolicismo havia se distanciado do Mosaismo, quando não permitia o lucro sobre o capital.

Já o Mosaismo permite a usura e o lucro sobre o capital. Com a ruptura com o papado os judeus passaram a controlar a filosofia no reino inglês e com a criação das primeiras colônias do norte, passaram a influir sobre esses colonos. Procurei saber mais: já que você fala a todo o momento dos judeus, o que pode me dizer dos ciganos, outro povo perseguido e, além disso, gostaria que fizesse uma comparação entre os dois povos. Malediel afirmou: assim como o povo judeu, o cigano foi perseguido e injuriado desde que se tem notícia de sua presença na Europa, isso por volta do ano 1200.

Veralgor falou: tanto o cigano como o judeu possui uma possível origem comum, talvez o oeste da Índia. Tanto um como o outro são nômades, consideram-se eternas vítimas e aí reside a sua força, já que a vítima sempre é mais poderosa do que o vencedor, já que este tem uma glória efêmera que a seguir se torna em ódio por parte dos que os cercam, enquanto o pretenso perseguido alcança vantagens ao longo do tempo, ganhando simpatias e alianças. Uma diferença entre o cigano e o judeu é que o primeiro não possui registros escritos de sua história e não possuem o desejo de domínio sobre os outros povos, ao contrário do segundo que sempre registrou os fatos de sua história, falseando quando sua atuação não era das mais gloriosas, colocando intervenções divinas em que os fatos não podem ser explicados e alegando ordens divinas quando passaram sobre o direito de outros povos, sempre tendo a intenção do domínio mental e físico sobre os outros povos. Os ciganos embora tenham um sentimento religioso próprio não sentem nenhum constrangimento em adotar crenças dos povos com quem mantém contato. Também nunca tiveram a intenção de provar ao mundo serem os portadores de alguma palavra divina, como fazem os judeus. Interessante que a origem real dos judeus após Moisés e dos ciganos é a mesma, isto é, a região da Cachemira na Índia, embora os primeiros queiram afirmar o contrário.

Para o cigano, os que não são de seu povo são os "outros", ou gadgé, gadjó, enquanto para os judeus os "outros" são os goys, goyns e para os dois povos os "outros" foram criados para serem utilizados em seu próprio benefício. Não existe vergonha em se prejudicar ou enganar um gadgé ou goy. Tanto o cigano como o judeu, quando enganados ou prejudicados por um gadgé ou goy, gritam aos quatro ventos terem sido perseguidos e estarem sendo vítimas de perseguição racial e quando praticam algo contra um que não seja de seu povo alegam em sua defesa costumes, crenças e hábitos próprios.

Os judeus no Velho Testamento se referem ao seu Deus como o Deus dos Exércitos e que este os conduzirá sobre todas as outras nações. É o que estamos vendo, não importa os direitos dos outros povos, o que importa é o que pensam os judeus e neojudeus, isto é, todos aqueles que creem no Deus dos Exércitos.

Uma Escritura para dominar

Fiz uma arguição: a todo o momento você fala sobre algumas questões bíblicas. O que vocês dois podem me falar sobre esse livro?

Malediel tentou defender seu ponto de vista: a Bíblia é e sempre será o livro de inspiração divina, tanto na sua parte mais antiga, o Velho Testamento, como na nova. Não acredito que alguém possa ter autoridade de contestar o que ali está narrado e ensinado.

Podem alguns dizer que ali está apenas a história do Povo Judeu, o que na realidade ocorre, porém também é a prova de que não estamos sós neste mundo, que Deus acompanha nossa trajetória, orientando-nos ao longo dos tempos. Prova que além de Criador é o Pai extremado que não abandona a seus filhos. Sobre isso, tudo já foi dito e não há como se tentar denegrir o Livro Sagrado.

Veralgor contrapôs: o que vou dizer é uma parte da grande verdade oculta, lógico, vocês poderão dizer que se trata da opinião de uma criatura demoníaca, mas pensem, acima de tudo, minha sina é falar a verdade, não mentindo nunca. Vocês mortais sempre aprenderam que a Bíblia possui um caráter sagrado e isto nunca é contestado, porém será isso mesmo?

Vejamos. A Bíblia é um composto de escritos alegadamente sagrados, mas que na realidade não passa de um amontoado de conhecimentos apanhados aqui e ali e mal entendidos pelos judeus, isso no Antigo Testamento, e que foram agrupados como se fossem a história e saber desse povo. Único livro religioso na história que na verdade é um compêndio racista onde se prega a pretensa supremacia de uma raça, como se esta fosse a única parte da humanidade que havia sido escolhida pela divindade criadora. Se analisarmos friamente os escritos, veremos que na realidade todos aqueles que não forem judeus, não deveriam existir, não aos olhos do "Deus" dos judeus.

Desde que se começaram as traduções de registros babilônicos e hindus, em meados do século XIX, foram sendo trazidos à luz vários registros da antiguidade, que em muito se assemelhavam aos existentes no Antigo Testamento (o Torá dos judeus). Desde o mito da criação até algumas passagens sobre o dilúvio são visivelmente cópias de escritos mais antigos.

Os judeus sempre se vangloriaram de ser o único povo que acreditava em um Deus único, porém nada de original criaram, já que essa fé teria copiado durante sua vivência no Egito e não souberam compreender o sentido desse Deus, fazendo de sua divindade um ser irascível e violento, vingativo e exigente na forma mais mesquinha possível, que colocava seu povo em provas indignas do ser que criara a tudo e todos.

Na realidade o sentido de Deus único dos Egípcios era a de divindade que criara todo o Universo, devendo ser venerado e a ele nada se pedia, ou se estava em comunhão com ele ou não, era uma manifestação do todo. Já o Deus dos Judeus, segundo eles, falava com seu povo e acreditavam que se manifestava particularmente.

O Deus judaico pode ser tudo, menos o Deus criador de todas as coisas, já que lendo a Bíblia se vê que o quanto era arrogante, exigindo fidelidade, submissão e mesmo os sacrifícios mais absurdos. Em algumas passagens se manifesta como se fosse desequilibrado, já que sendo onipotente e onisciente, não precisaria destruir tudo que criou por estar zangado com sua criação. A todo o momento podemos verificar que isso é típico de uma entidade malévola e não do Deus Criador e que essa entidade teria adotado um povo para ser seu instrumento, sendo que durante milênios esse povo continua servindo a essa força que na Bíblia é identificada como o Senhor dos Exércitos.

Aí me interessei por esse epíteto de Deus: qual seria a razão de terem nomeado o seu Deus como o Senhor dos Exércitos, já que em todas as outras religiões os Deuses da Guerra são entidades malévolas?

Malediel tentou defender a divindade: evidentemente que este era um dos milhares de nomes do Deus judaico, apenas para poderem citá-lo, já que seria o inominável.

Veralgor disse secamente: no Genesis temos uma versão sobre a luta entre Deus e o príncipe dos Anjos que se rebelara contra a divindade, ou seja, o anjo cujo nome hebraico foi traduzido literalmente para o latim como Lúcifer, ou seja, o portador da Luz. Ora, em todas as religiões o Deus da Guerra é uma entidade malévola e o Deus da Luz pertence ao lado bom. No Velho Testamento os sacerdotes judeus preferiram adorar o Deus da Guerra, apodando o Deus da Luz como sendo o demônio, fato esse adotado pelos sacerdotes cristãos, o que nos leva a crer que na realidade preferiram adorar o lado mau, adorando-o como Deus pai e criador, induzindo toda a humanidade judaica, cristã e muçulmana a adorar o lado negro.

A Energia Vital

Os judeus sempre debochavam dos Deuses dos outros povos, só que estes tinham consciência de que essas divindades eram símbolos dos poderes das grandes manifestações do Universo, e não acreditavam que se personificavam e andavam entre os homens.

Perguntei: os judeus tinham consciência da grandeza do Universo?

Malediel interveio e procurou esclarecer: na realidade os sábios judeus tinham conhecimento da grandeza infinita do Universo, porém para que a massa aceitasse a ideia de Deus, tinham que omitir esse ponto, já que a grande maioria não conseguiria captar essa grandeza.

Veralgor afirmou seriamente: na verdade, em sua presunção, os sábios judeus não tinham nenhuma concepção da grandeza do Universo, menosprezando toda a sabedoria dos povos que os cercavam, julgando-os adoradores de falsos Deuses, não procurando ver outras verdades a não ser as prosaicas ideias que possuíam. Porém você não pode negar que possuíam uma alta espiritualidade, afirmei. Malediel defendeu seu povo: na realidade o pensamento judaico sempre representou uma fonte de virtudes no meio do caos da paganice.

Veralgor, a concepção judaica de divindade é extremamente primária e nada tem de espiritual, a não ser que se possa chamar espiritualidade de mera superstição.

Posso aceitar que Deus é o grande espírito criador e o Universo o seu corpo, onde cada unidade celeste é uma das suas células e que proporcionalmente nossas células estão tão distantes entre si, como os corpos celestes entre eles. É o Ser que não teve início e não terá fim, onipotente, onisciente e onipresente, o incriado e o inominado, possuidor de um corpo, de uma força vital que inunda tudo desde o mais ínfimo ao maior e uma inteligência que transporta uma carga de conhecimentos que a tudo semeia. É aquele que está em tudo e todos.

Para ilustrar o quanto as religiões atuais atrasaram o conhecimento humano, os povos antigos conheciam e tinham uma noção muito precisa da grandeza do Universo, sabiam que o número de planetas semelhantes ao nosso se contavam aos bilhões, com distâncias enormes entre cada corpo celeste, enquanto as religiões originárias do judaísmo se prendiam ao Velho Testamento e consideravam a Terra o centro do Universo.

Chego à conclusão que os homens são arrogantes por se acreditarem a criação máxima da natureza, quando na realidade não passam de um copo de massa repleta de energia que emana do corpo de Deus. O Universo é um ser vivo, que não teve início e não terá fim, e que possui as mesmas fases de qualquer outro ser; a infância, maturidade e velhice; crescendo, expandindo-se em cada ser que é uma parte de si.

O Universo é permeado do espírito, que é a força vital que faz com que tudo pulse e vibre, sendo uma inteligência que tudo envolve, que se manifesta nas menores coisas e que tudo e todos são tocados por essa inteligência, por esse espírito fazendo parte do que fecunda a massa de energia com a vida.

A vida é uma infestação, está em toda a parte, nas mais diversas formas e dimensões.

A natureza costuma repetir as formas, juntando-as das mais diversas maneiras, criando novas criaturas, tanto as mais ínfimas como as maiores. É uma força impessoal, sem nenhuma conotação de bondade ou maldade, regida por regras básicas e imutáveis, de natureza exclusivamente prática, que se reproduz na vida em todas as suas formas e dimensões como uma massa de energia que toma corpo em todos os organismos.

Cada organismo, desde os mais minúsculos até os mais gigantescos, geram energia, cada qual com sua faixa de vibração específica. Durante o período de vida de um organismo ele gera uma energia cujas vibrações vão para a grande massa de energia do universo; mesmo na morte física de um organismo é gerada uma carga sobressalente de energia que volta para o universo, para gerar novas formas de vida. Na morte dos organismos, não pela exaustão final de sua capacidade, pelo fechamento de seu ciclo aparente de vida, é gerada uma carga de energia. Os nossos ancestrais sempre souberam disso, por essa razão antigamente eram feitas guerras dedicadas aos deuses.

Os sacerdotes instintivamente efetuavam matanças de animais ou sacrifícios humanos dedicados aos deuses, gerando grande quantidade de energia.

Nas histórias de todos os povos, quando a quantidade de vida no planeta Terra, principalmente dos humanos, grandes geradores de energia, era pequena, notamos o impacto natural dessa necessidade por energia, ficando marcada na memória inconsciente o grande número de desastres naturais tomados.

Essa foi uma das razões do desaparecimento de uma das primeiras experiências de vida na Terra, já que os seres pré-históricos por serem répteis de sangue frio e imensos, portanto lentos e tomando muito espaço, não geravam energia excedente suficiente para a evolução da criação. Os menores entre eles evoluíram e chegaram aos dias de hoje.

Essa falta de energia vital levou inclusive diversos planetas onde já existiu vida, que não se proliferou a contento, a uma total esterilidade.

A Igreja Católica em diversas épocas promoveu massacres para gerar energia da Grande Força Criadora, efetuando massacres de aldeias inteiras pelas fogueiras, com a desculpa de que estariam destruindo hereges, porém de forma sacrificial pelo fogo. Analisando os fatos ao longo da história se chega à conclusão de que os líderes do mundo tinham uma consciência instintiva da necessidade de energia excedente, porém não sabiam como defini-la.

Evidentemente que isso não deve e nem pode levar os homens a uma destruição insensata, já que é dever e obrigação de todos os seres vivos viverem e seguir a ordem correta. Como é uma das leis imutáveis a continuidade da vida, o ideal é obtermos o melhor que pudermos dela e para tanto procurar o modo mais criativo de convívio com os outros seres humanos e demais criaturas, para tanto não necessitando nenhuma adoração a qualquer nome que se dê à Grande Força Criadora, mas sim procurando vibrar no mesmo ritmo dessa força e obtendo daí a evolução espiritual, física, mental.

As religiões, todas elas muito primitivas, não conseguem entender ou não querem explicar aos seus fiéis, que a morte do corpo, como forma de liberação de energia criadora, não se trata de maldade ou ira por não estar ocorrendo uma adoração adequada, mas sim em razão da praticidade da Grande Inteligência que não possui nenhum sentido ético, moral ou de qualquer outra ordem, a não ser suas próprias leis que são imutáveis.

Na cadeia da vida todos devem ceder energia para a próxima criação e esta é a necessidade imperiosa da manutenção da própria vida. Nessa cadeia da vida temos desde os microrganismos aos de maior porte, a própria Terra que é um ser vivo e sua energia emana dos organismos que vivem sobre ela, o mesmo ocorrendo com o sistema solar, a Galáxia e o próprio Universo.

Evidente que isso parece desumano, já que a humanidade acredita ser a grande criação de Deus, porém essa conscientização levaria a uma humildade que melhoraria o relacionamento de todos.

A CONSPIRAÇÃO JUDAICA

Veralgor parou um pouco e em seguida, muito pausadamente, falou: o que vou dizer é muito complicado e pode gerar interpretações errôneas.

Veralgor: quanto à segunda parte da Bíblia, foi criada com a intenção de fazer crer que mais uma vez a divindade teria escolhido o povo judeu para que em seu meio aparecesse um ser divino.

Tentei fazê-lo sair de sua linha dura: mas, Veralgor, você não considera que a Bíblia, principalmente o Novo Testamento, trouxe algum valor à humanidade, transformando a civilização, fazendo com que os homens sem valores morais se transformassem em uma organização com sentimentos e mais respeito à própria criação.

Malediel acompanhando minha linha de pergunta, afirmou: realmente existe um pouco de tudo dentro da Bíblia, já que ela foi sendo estruturada ao longo de milênios, porém não se deve esquecer de que também é a narrativa das intervenções de Deus na história dos homens, e não apenas do povo judeu.

Veralgor foi duro: isso é o que a Conjura Internacional quer fazer crer, para que não se perceba a nocividade de se introduzir uma história artificial dos povos, com a simples intenção de hegemonia mundial.

Instituição do Pecado e a Culpa da Mulher

Vejamos um dos pontos que foram alterados pela doutrina da Conjura, muito importante e que passa despercebido por estudiosos, muitas vezes sérios, que é o relacionamento entre homens e mulheres e o posicionamento destas na sociedade.

Procurei induzir os dois a um diálogo: o Cristianismo teria alterado o papel das mulheres e o relacionamento entre os sexos?

Malediel de imediato afirmou: com o cristianismo o relacionamento entre homens e mulheres passou a ser mais puro, havendo a instituição do casamento religioso, do sentimento de família.

Veralgor de mau humor contestou: exatamente como no judaísmo, a mulher continuou a ter papel secundário, a ser tutelada e considerada como ser predisposto ao pecado. No cristianismo essa posição da mulher passou a ser pior do que no judaísmo, já que passou a ser a causadora de todos os pecados, sendo considerada como ser impuro, não podendo se manifestar. Nas religiões antigas a mulher estava em pé de igualdade com os homens, respeitando-se as diferenças e qualidades específicas de cada sexo. Nas situações de emergência e guerra as mulheres estavam lado a lado com os homens de seu povo. Nos conselhos tinham direito à opinião como os homens. Com a introdução do Cristianismo as mulheres passaram a estar em posição servil até recentemente. Mesmo hoje, com a emancipação, ocorreu uma desvalorização total, perdendo a dignidade e sendo usadas como objetos de consumo, desgastadas pela propaganda, que na realidade somente utilizam sua beleza e formas físicas. Com raríssimas exceções vemos mulheres serem reconhecidas e enaltecidas por sua capacidade intelectual, sendo glorificado no geral apenas o seu lado de apelo sexual.

Grande interesse tem o fato, e isso em muito devido ao trabalho intenso de Malediel, que soube ocultar a verdade, fazendo com que as mulheres se tornassem um sustentáculo do cristianismo, embora sejam olhadas como o lixo da criação por essa religião, que vê nelas a razão de todos os pecados.

Aliás, em matéria de pecados, para fazer com que todos os seres humanos se sintam culpados, sem que nenhum escape, os cristãos aproveitaram uma ideia judaica que nem mesmo os judeus utilizaram como arma, o famoso pecado original, ou seja, cada ser humano é culpado pelo simples fato de ter sido engendrado por uma mulher. Todos pagam pelo pecado de Eva.

Durante eras, por uma questão de sobrevivência da espécie humana, a mulher foi superprotegida, mas com as religiões semíticas isso foi sofrendo uma distorção; o que era ato de proteção passou a ser ato de dominação, principalmente no médio e extremo Oriente.

Quanto mais incultos eram os homens, mais dominadas eram suas mulheres

Interessante notar-se que a dominação da mulher pelo homem e a inserção desta como a grande culpada pelos males da humanidade é uma forma de vingança praticada pelos homens ao longo da história por um domínio matriarcal duro e muito longo.

Nos primórdios da humanidade machos e fêmeas se acasalavam por instinto, sem existir um conhecimento do que ocorria em razão desses intercursos.

A prenhez das mulheres era considerada originária de razões ocultas ou divinas, sem que se relacionasse com o sexo.

As mulheres eram protegidas e gozavam de uma admiração de caráter místico dado a capacidade divina de reproduzirem a vida e darem continuidade à espécie.

Em todos os grupamentos humanos as mulheres se fechavam em associações somente de fêmeas, não permitindo aos homens o acesso. No interior desses grupos eram trocadas informações e experiências obtidas durante a gravidez, os partos e na criação das crianças.

Pela experimentação as mulheres adquiriram conhecimentos básicos sobre higiene e cura de doenças, já que tinham que estar sempre cuidando dos filhos e de seus males.

Tal conhecimento lhes dava um poder mágico na tribo, aliado ao caráter divino da capacidade de reproduzir, permitindo que gozassem de uma autoridade e domínio muito grande.

Com o passar do tempo as fêmeas humanas terminaram por perceber que ficavam grávidas em razão da prática sexual e que os machos eram que possibilitavam a procriação e não alguma força divina que as penetrasse. Para não perder o poder que exercem sobre os homens, não passaram o conhecimento que haviam obtido, e como forma de manterem para si tal poder, as meninas começaram a receber em suas associações instruções sobre como manejar tal poder.

As mulheres haviam percebido que seus filhos guardavam as qualidades dos homens de quem eram originários e isso levou a uma escolha dos parceiros de quem deveriam gerar, provocando uma seleção natural, pois os filhos passaram a ser produto dos melhores machos, tanto no tocante à força como na capacidade intelectual.

Essa procura pelos melhores machos passou à informação instintiva das mulheres ao longo de toda a história.

Com a escolha dos melhores, a maioria dos machos passou a ser rejeitada e para que pudessem copular tinham que se sujeitar a um número maior de exigências, levando a um regime ditatorial das mulheres contra os homens.

Após milênios dessa ditadura, conhecida como era matriarcal, os homens terminaram descobrindo o segredo tão bem guardado, de que eram os responsáveis por fazer com que as mulheres pudessem reproduzir, e com esse conhecimento houve uma reversão na história.

Assim como as mulheres haviam agido com um domínio cruel contra os homens, estes ao terem adquirido o conhecimento sobre sua participação na procriação, além do fato de terem tomado consciência de que podiam engravidar quantas fêmeas quisessem em pouco tempo, enquanto elas podiam conceber de apenas um homem de cada vez com um custo de tempo prolongado, passaram a exercer um domínio absoluto sobre as mulheres.

Some-se ainda ao conhecimento sobre a gravidez o fato de que as mulheres tinham pouca capacidade física de se protegerem, o que sempre fora feito pelos homens, estes passaram a agir de forma a restringir o mais possível a liberdade delas, criando uma série de restrições sexuais para que não viessem a produzir filhos de outros homens, como ocorria na era matriarcal.

Tudo isso narrado anteriormente é encontrado de uma forma mística na versão bíblica de Adão e Eva terem contrariado Deus, em que a mulher come do fruto proibido, fazendo com que o homem também experimente um pequeno pedaço, porém sem que este perceba a importância do fato.

Durante quase toda a história conhecida, as mulheres sempre procuraram se acasalar com os melhores machos para obterem uma boa prole, sendo que para tanto escolhiam os mais bonitos, os mais fortes e inteligentes, sendo que com o passar do tempo passou a escolher aqueles que melhor podiam prover o sustento da casa. Desde o advento da industrialização, em que a força física não era o mais desejado e sim a capacidade de obedecer e se manter no emprego, o comum das mulheres passou a procurar apenas o homem que fosse considerado trabalhador.

Essa forma de escolha do parceiro sexual, já que não havia uma forma segura de se impedir a gravidez, foi mantida durante o período da escravidão na América, com as negras sonhando em se relacionar com os senhores brancos e após a libertação continuou da mesma forma, já que os brancos representavam para essas mulheres serem mais capazes do que seus parceiros da raça negra.

Com relação às mulheres brancas, estas simplesmente não se interessavam pelos negros ou homens de outras raças, já que estes representavam povos dominados e sem maior condição de manter decentemente uma prole.

Com o advento das possibilidades do controle da gestação, por meio da pílula e de outros métodos anticoncepcionais, ocorrendo uma maior liberação da mulher e sua liberação econômica pela inserção no mercado de trabalho, aliado a uma pregação subliminar pela televisão, as mulheres passaram a se interessar em intercursos com homens de outras raças.

Com o advento da Nova Era chegou o momento de ocorrer uma evolução no relacionamento entre homens e mulheres, alterando o que foi plantado pelo cristianismo.

Na realidade nos novos tempos, nestas últimas décadas, com a evolução do relacionamento entre homens e mulheres, ocorreu um fato novo, o poder de escolha, tanto do homem, quanto da mulher.

O homem sempre foi a parte protetora da espécie por ser de sua própria natureza a defesa, por mais rústico que seja, o homem sempre protege, enquanto a mulher é a preservadora, com isso, sempre criando ou inventando, meios e formas, guardando os valores e os conhecimentos básicos e os transmitindo aos filhos, sendo, portanto, ao longo da história a verdadeira responsável pela evolução humana, já que evitava que o conhecimento se truncasse, perdesse e que tivesse de ser novamente buscado...

O homem é regido pelo sol, segundo as velhas tradições, enquanto a mulher é regida pela lua e isso não pode ser mudado.

Toda a força da mulher está em que o seu psiquismo é fundamentalmente sensitivo, enquanto o homem é racional e especulativo. Tentar alterar essas diferenças somente poderá resultar em deformidades e desvio de caráter.

Veralgor afirmou: homens e mulheres possuem capacidades diversas e também importantes. A sensibilidade das mulheres é em muito superior à dos homens, e estes nunca poderão imitá-las. A capacidade de trabalho das mulheres é imensa, o que os homens não possuem, a não ser em situações de emergência. As mulheres possuem muitas outras qualidades que os homens não possuem, principalmente a de guardarem dados e detalhes, que em pouco tempo os homens esquecem, e que permitiu que as mulheres guardassem o que havia de importante ao longo da civilização, transmitindo-os aos filhos. Se dependesse dos homens tais dados e detalhes teriam sido perdidos.

Porém o que se deve ter em conta é que ambos os sexos são complementares e importantes, devendo ser tratados e considerados com o mesmo valor, tendo os mesmos direitos e obrigações.

A EVOLUÇÃO ESPIRITUAL É O CAMINHO

Perguntei aos amigos: e a aparição de espíritos, existem videntes que os vêm?

Malediel procurou mostrar seu ponto de vista: isso são manifestações heréticas de quem se desviou das regras da Santa Madre Igreja.

Veralgor olhou para o outro soltando fumaça verde: Malediel, primeiro não se esqueça de que toda a base da Igreja Católica se prende a uma ressurreição, o que se depreende de que existe para a Igreja uma permanência da alma, que retornou ao corpo de um homem morto. Se aceita isto, para que seja aceita a reencarnação é um passo, e para aceitar que os espíritos podem se comunicar com a humanidade é até mais fácil. O que, aliás, cria uma contradição com a própria doutrina da Igreja.

Quanto a videntes, no sentido estrito, podemos até aceitar, já que pessoas que possam dominar e aguçar suas faculdades mentais poderiam alcançar dimensões a que não tem acesso o comum dos mortais, com menor sensibilidade e autoconhecimento. Porém quando afirmam que estão conseguindo contatar espíritos, no sentido da energia que um corpo emana são de fato médium ou então são mentirosos e aproveitadores.

Existem pessoas que possuem tão alta mediunidade, que conseguem sentir energias e tipos de vibrações emanadas por pessoas doentes, vivas ou desencarnadas (essas em forma de energia deixada no universo) e conseguem identificar quais sejam estas doenças ou pessoas.

Temos religiões, no Brasil as de origem africanas, que trabalham com a incorporação de entidades, apresentam mudanças de voz e comportamento, sendo explicado que nesse momento tais entidades teriam se manifestado naqueles indivíduos.

Na realidade o que ocorre é que todos nós somos compostos por personalidades multifacetadas, isto é, em cada um de nós existem vários "eus". Somos compostos pelo "eu criança", o "eu mulher", o "eu selvagem", o "eu velho", o "eu ignorante" e o "eu sábio" e possíveis outros "eus" que não são lembrados nesse momento.

Esses diversos "eus" se mantêm sob o controle normalmente, porém se por qualquer circunstância houver uma alteração ou invocação muito forte, um desses "eus" pode se manifestar, criando o que se conhece nessas religiões por incorporação.

Estava por demais curioso: e quanto a fantasmas, visões e aparições?

Malediel foi muito sentencioso: os fantasmas são alucinações que trazem em si a marca do mal e da descrença num Deus que rege a todos nós. Quanto a visões e aparições, é a falta de Jesus no coração. Veralgor falou como se tivesse sido afrontado: nem vou me dignar a responder ao que foi afirmado por Malediel. Na realidade pessoas com um alto grau de mediunidade podem ver e sentir alguma energia, chamada comumente de fantasma, e não sabendo definir do que se trata, passa a acreditar em almas penadas vagando. O que ocorre, no entanto, é que o magnetismo dessa energia se impregna tal qual a faixa magnética de uma fita de gravador, podendo ser sentida por alguém especialmente sensível. O ser humano mediante situações de pressão, quer seja uma grande reação de medo ou o desespero de uma desgraça, descarrega uma quantidade intensa de energia que se impregna nos elementos sólidos da natureza, podendo ser captados.

Continuei perguntando: é possível que chegar a um estado de evolução muito alto? Malediel falou de forma pastoral: basta crer com toda a fé, entregando seu coração e mente para o filho de Deus, que o homem evolui espiritualmente.

Veralgor não se dignou a contestar o outro: a verdadeira evolução espiritual nada tem a ver com a crença inconsciente e limitante em uma divindade criada pelos homens.

A verdadeira evolução espiritual transforma o ser humano, dando-lhe a capacidade de sentir realmente a vida pulsante na natureza, seguindo as leis do universo, estas realmente são divinas, já que são as emanações do Deus da criação. É o que o cristianismo chama de estado de santidade.

A evolução requer conhecimento das leis naturais do universo, o que as religiões escondem. Quanto mais o ser humano tem esse conhecimento, mais livre se torna, e o poder dominante cai por terra, porém como nos dias de hoje, quando o verdadeiro conhecimento está se distanciando cada vez mais da grande maioria dos mortais, menos evoluídos espiritualmente se tornam e também, mais passiveis a todo tipo de dominação humana.

O espírito humano está se brutalizando com a ânsia do consumismo, com a ganância desenfreada, a informação (deformação) obtida de modo fácil e inconsciente, por meio dos meios de comunicação, que são minunciosamente organizadas fazendo com que essa carga de informações dispare os gatilhos mentais de seus paradigmas. Hoje vemos os seres humanos se brutalizando, marcando o próprio corpo com sinais e tatuagens, danificando sua estrutura com cargas magnéticas distorcidas pela aplicação de peças metálicas nos mais diversos pontos do corpo, comprometendo seu campo de energia, com meros enfeites corporais. Se soubessem do mal que estão fazendo a si próprios com as marcas apostas sobre sua pele ou os metais colocados sem nenhuma ciência, furando a pele e a carne, no quanto de involução isso representa, a maioria dos jovens não ousaria fazer tais tipos de aplicação. Cada desenho feito com tintas de origem metálica, fixado a partir de perfuração da pele, cria um campo magnético que afeta o psiquismo. Isso ocorre com peças metálicas introduzidas na pele, ou mesmo colocadas sobre o corpo, podendo alterar todo o magnetismo natural do ser humano.

Quanto mais rústico e primitivo é o intelecto e o espírito do ser humano, mais sinais gravam sobre seu corpo, assim como é maior o número de enfeites que introduz em sua carne e pele, ou mesmo coloca sobre sua pele. Quanto mais evoluído espiritualmente menos peças metálicas e sinais apresenta sobre o corpo.

As questões da Humanidade

Estávamos os três calmamente comentando sobre assuntos sem nenhum interesse, quando me lembrei da notícia sobre a Coréia do Norte ter rompido o acordo antinuclear, reativando o seu reator, numa reação às manifestações abusadas do governante americano, que teria anteriormente citado que aquele país fazia parte do eixo do mal.

Após ter relembrado as notícias, perguntei aos meus conselheiros o que achavam sobre o assunto. Malediel fez seu aparte: considero que os Estados Unidos da América do Norte foram criados com um destino de dar exemplo ao mundo, pela sua dignidade, bondade e interesse em manter e expandir a democracia a todos os cantos do mundo, evitando também que os poderes ditatoriais se mantenham. Nesse papel considero justo que intervenham com a força inclusive, fazendo com que governantes cruéis e corruptos caiam e em seu lugar sejam colocados outros que comunguem dos ideais da democracia. É claro que tendo essa obrigação que lhe foi imposta por Deus, deva estar sempre preparado para fazer frente aos poderes do mal, utilizando-se inclusive da bomba atômica se for necessário, impedindo que outros que não tenham esse compromisso divino venham a possuir tal arma poderosa.

Veralgor comentou tristemente: Malediel, Malediel, com o que você acabou de dizer, creio que você está mais comprometido com o engano do que eu acreditava anteriormente. Não existe nenhuma desculpa para que um país se autonomeie guardião da humanidade, com isso praticando atos de interferência, intervenção, invasão, domínio e extorsão em nível mundial, exigindo que outros povos se dobrem às suas ordens e exigências. Nem mesmo na hipótese de que eu esteja enganado e o seu Deus viesse pessoalmente exigir que os outros povos atendessem ao imposto pelos Estados Unidos da América do Norte, isso seria válido. Pois se esse Deus fizesse tal exigência, poderíamos claramente declará-lo como a grande entidade do mal. Vejam, os Estados Unidos estão dividindo o mundo entre os bons, que estão ao lado deles, e os maus que não concordam com eles, e isso é totalmente abusivo e um crime contra o resto da humanidade. Creio que é muito mais perigoso que aquele país possua as armas atômicas do que qualquer outro do mundo. Durante muito tempo tivemos um equilíbrio sadio, pois os americanos tremiam de medo da União Soviética, já que essa possuía tanto poder quanto eles. Porém com a queda do Império Soviético, o mundo corre muito perigo, dado a megalomania americana e a inconsequência e incapacidade da maioria dos governantes dos países que se dobram ao veneno espalhado pelos americanos. Vejam só como a mente dos americanos é tortuosa. Os alemães foram considerados bárbaros e centenas de filmes foram feitos para mostrar a que níveis tinham chegado. No entanto mesmo podendo fazê-lo, os alemães não utilizaram todo o poderio mortal das armas que possuíam, o que os americanos não hesitaram em fazer quando tiveram oportunidade. Os nazistas já sabiam fazer a bomba atômica antes do ataque feito à Inglaterra e não a construíram por ordem expressa de Hitler, que a contragosto dos ideólogos judeus e simpatizantes, não era o ser selvagem que se pinta.

Logo após a rendição da Alemanha, utilizando-se dos planos roubados naquele país e pelos cientistas alemães presos, forçados ou aliciados, os Estados Unidos desenvolveram rapidamente a sua bomba atômica e para impressionar o mundo, mesmo estando o Japão em fase de rendição, fizeram questão de bombardear Hiroshima e Nagazaki, por orientação e insistência direta do físico judeu alemão Oppenheimer, numa demonstração de selvageria e desprezo pela vida humana como não foi visto em nenhum momento da história humana. Assisti a um documentário em que aparece o General encarregado do lançamento da bomba, assustado com o efeito devastador de tal artefato, após ter assistido a um teste no deserto, e o irritadiço e "histérico" Oppenheimer gritando que a bomba deveria ser usada contra os japoneses. Assustado, indaguei: você crê que a arrogância americana poderá ficar sem controle, caso a opinião mundial não preste atenção ao que está ocorrendo?

Veralgor argumentou: no caso do Iraque temos realmente um ditador sanguinário no poder, inclusive que foi consolidado com a ajuda dos americanos e ingleses, que o apoiaram, mesmo sabendo de seus métodos, já que era útil aos seus propósitos, controlando os iranianos. O iraquiano pode até ser justificado, pois nasceu pobre numa aldeia atrasada, Al Takriti, abandonada à margem do deserto, não teve condições para estudar, embora alegue ter feito o curso de Direito no Egito quando ali esteve exilado. Muito de sua personalidade se deve a sua cultura tribal. No caso dos Estados Unidos, não existe tal justificativa, pois o Presidente americano é de família rica, possuidora da maioria das ações de uma das maiores companhias de petróleo do mundo, estudou em bons colégios, embora seja portador de dislexia. Quando governador de seu estado não forneceu nenhum indulto a qualquer dos condenados à morte, sendo todos executados, demonstrando a dureza de seu caráter. Fala em guerra com a ansiedade de quem quer sangue e não como alguém que se vê numa contingência que não deseja. Possui uma mente pérfida e está imbuído do desejo de ser o homem mais temido e poderoso da terra. O primeiro tem a justificativa de sua origem pobre, tribal, o segundo não pode alegar isso em sua defesa. A direita racista conseguiu finalmente eleger o seu presidente, e acredita piamente no Deus dos Exércitos, numa contradição absurda, pois inclusive pregam o ódio aos judeus, pais da filosofia do dente por dente, olho por olho e da hegemonia mundial. Se não forem detidos pela união de todos os países do mundo, fatalmente irão querer completar tal domínio.

Malediel retrucou: isso que você acabou de dizer é um absurdo total, Veralgor, já que a base filosófica da cultura americana é o cristianismo e sua bondade. O cristianismo prega a igualdade de todos, a fraternidade entre todos os homens e a liberdade, e acima de tudo a bondade.

Veralgor, agora zangado em razão do que considerava um raciocínio cínico, afirmou categórico: isso tudo que você acabou de falar não passa de propaganda para enganar uma opinião mundial embotada por uma pregação milenária, o célebre conselho de São Tomás: "Faça o que eu falo, mas, não faça o que eu faço": o que se prega é uma coisa, enquanto na realidade isso só é real quando beneficia aos americanos. Quando a vantagem é para os outros, tal pregação não lhes interessa. Saindo da área política vamos dar uma examinada em outro contexto.

A Fé Cristã e Opus Dei

O conceito cristão de bondade como obrigação é tão hipócrita que leva o crente a efetuar qualquer ato que possa ser designado com esse nome como uma forma de pagamento de entrada para o céu. Vemos pessoas pelo mundo afora que fizeram da "bondade" uma forma de vida, mas quando analisada seriamente, mesmo em pessoas consideradas boníssimas e abnegadas, vemos que se trata de uma necessidade de aparecer, já que a todo o momento estão nos meios de comunicação. Não podemos negar que realmente fazem bem a outras pessoas, porém não entramos aqui no mérito do resultado, mas sim no sentido ético do ato. A bondade só é verdadeira quando ela faz parte inerente da pessoa que a possui, que o faz sem que sinta a necessidade que o mundo saiba o que praticou. Quando não ocorre dessa forma, de acordo com o velho aforismo, "quando praticar um ato de bondade não deixe que sua mão esquerda saiba o que foi feito pela direita", na verdade torna-se autopromoção e forma de ganhar prestígio e poder. Tivemos até o 1997 a falecida, Lady Diana da Inglaterra, que a todo o momento estava nos meios de comunicação, fazendo caridade por todo o mundo com o dinheiro do povo inglês. Para mostrar ao mundo que seu casamento não havia dado certo, não por sua culpa, já que era boazinha com todos e ao mesmo tempo em que demonstrava um incrível desejo de ser vista e adorada, logicamente gastando não o dinheiro de sua família, mas sim o fornecido pelo povo inglês, por meio da família real.

Quando essa atitude é tomada por um país inteiro, que se passa por bonzinho, com a criação de organismos internacionais de ajuda aos mais necessitados, disfarçando um intervencionismo, uma ingerência, inclusive nas culturas dos países onde entram, a gravidade do fato é imensa e pode mudar o rumo da história da humanidade.

Perguntei angustiado: mas com isso você está querendo negar a sinceridade do povo americano na crença cristã e sua pregação?

Malediel contemporizou: não. É claro que o povo americano é sincero em sua crença no cristianismo, sendo inclusive característico daquele país a tradição seguida desde sua criação, o seguimento de uma fé arraigada, já que foi o único país do mundo criado por vítimas de uma perseguição religiosa contra a pureza de sua fé.

Veralgor, já mais calmo, pediu que eu tivesse paciência com Malediel, mas iria contrariá-lo: sobre a Fé, quando é cega, considero como um ato supremo de ingenuidade, já que não podendo explicar, não tendo conhecimento ou então como verificar a veracidade de algo, simplesmente se acredita, não importa no quê. Distingo sempre a fé em si mesmo da fé em algo não tangível ou cognoscível. A fé sempre existe calcada em uma crença. Quem crê pode fazê-lo como quiser, crendo no que quiser, mesmo nas superstições mais tolas, porém deve fazê-lo sabendo da infantilidade de sua crença. Quem crê deve ser coerente, se crer em uma superstição deve crer em todas as outras, não fazendo distinção ou crítica com relação a outras. Por isso a importância do respeito a todas as denominações religiosas. Quem disser creio nisso e não creio naquilo, sem o conhecimento necessário para embasar a sua crença, está sendo falso e incoerente. A fé em uma crença, quando é cega, tornando-se radicalismo e fanatismo, perdeu por si só sua pureza. Isso ocorreu com todos os ramos do cristianismo surgidos após a ruptura com Roma. Mas não vamos falar aqui desses ramos novos e sim da velha árvore, da Igreja Católica Romana.

Quando a seita religiosa não tinha respostas plausíveis para algum dos mistérios, ou quando não podia explicar a razão pela qual o fiel tinha que crer em alguma coisa, já que isso podia implicar questionamentos que punham em risco o poderio da Igreja, criavam-se os dogmas, ou seja, creiam nisso, mesmo que seja uma idiotice.

Existem vários dogmas interessantes, um deles que causou uma verdadeira mortandade no início do cristianismo foi o da trindade, no qual a divindade é formada por três figuras separadas e ao mesmo tempo indivisíveis, o Pai, o Filho e o Espírito Santo. Outro é o da virgindade da mãe de Jesus. Outro também interessante é o da Infalibilidade do Papa. Os dois primeiros foram tirados de religiões mais antigas, e principalmente o segundo, já que um dos apanágios do culto da Deusa Mãe (que representava a Terra) é que esta sempre se mantinha virgem, e como os padres induziram os novos crentes a adorarem a mãe de Jesus como se fosse a antiga Divindade, esta tinha que ter a característica da outra. Quanto ao último, foi criado como uma forma de tentar manter o poder do Papado, que se encontrava em decadência e muito contestado, e diante disso, para evitar que suas ordens fossem discutidas se lançou o dogma da infalibilidade.

Nesse ponto lembrei-me de um livro que foi lançado com muito sucesso, tratando do caso da Opus Dei, mostrando sua atuação contra os defensores de Maria Madalena, comentando com meus dois companheiros.

Malediel de imediato saiu em defesa da organização: a Opus Dei, obra de Deus, é uma das mais conceituadas organizações existentes no seio da Igreja Católica, lutando para preservar os valores sagrados dessa instituição. Seus membros, em sua maioria pessoas imbuídas da maior boa fé e caridade, em muitas ocasiões foram criticados de forma perversa, por não entenderem os seus detratores a magnificência de suas intenções. Veralgor olhou estranhamente para o anjo e falou: a Opus Dei, cujo nome completo atualmente é Prelatura da Santa Cruz e Opus Dei, denominando-se mais comumente como Prelatura do Opus Dei, foi fundada em Madrid no dia 2 de outubro de 1928 pelo Beato Josemaria Escrivá de Balaguer, simplesmente com o nome de Opus Dei.

Desde o início se opôs a qualquer modernização da Igreja Católica, tendo ao longo de sua atuação agido contra muitas das posições mais moderadas dos Papas desde sua fundação até hoje. Foi contra a substituição do latim pela do local onde estivesse sendo rezada a missa. Foi intransigente com a adoção do culto marial, por considerá-lo uma distorção da fé. Por essa mesma razão é que se opôs de forma radical a muitas das posições do falecido Papa João Paulo II, o que não levou a um rompimento, já que este deveu a essa organização a ajuda para evitar um escândalo mundial quando o Banco do Vaticano quase quebrou. Lembro-me daquela época e o envolvimento dos controladores do Banco com a Loja Maçônica P2 e a máfia. A ajuda dada pela Opus Dei trouxe a essa organização o controle sobre o Papado, tanto que seu fundador foi canonizado como santo em tempo muito exíguo, sem nenhuma das outras exigências que normalmente são feitas. Na realidade essa Organização é composta por fanáticos religiosos e é considerada o braço armado da Igreja Católica.

Interessante é que na Espanha sempre surgiram organizações utilizadas como braço armado da fé, normalmente fanáticas e intransigentes, como o caso dos Dominicanos, fundada por São Domingos, os Jesuítas, fundada pelo militar e posteriormente canonizado Santo Ignácio de Loyola, atualmente o Opus Dei.

Considero que o livro citado por Roberto parte de uma premissa errada, quando dá como correto a alegada vida de Cristo e daí todos os personagens adjacentes são criações semelhantes, portanto não há como se falar da estada dessa personagem em solo francês.

Os Dogmas existentes nas religiões que tiveram seu início a partir do judaísmo são a prova de que acreditar em algo que não se explica ou não pode ser explicado, leva a um entorpecimento mental, moral e cultural, que levou ao atraso da humanidade em pelo menos dois mil anos, já que todo o depositório de conhecimentos que fazia parte das crenças antigas foi esquecido com a adoção do cristianismo. Por sorte, outra religião também originada no judaísmo, o islamismo, onde havia alguns sábios que consideravam que o Alcorão não era o suficiente, procuraram recolher os conhecimentos que haviam sido desprezados pelo cristianismo, principalmente os de origem grega, salvando-os para os povos futuros. Mesmo tendo que se agradecer aos muçulmanos o fato de terem preservado os escritos da cultura antiga, eles mesmos são vítimas de sua religião. Vejam por exemplo, segundo pensam os religiosos mais radicais, o livro sagrado (o Corão) contém tudo, então, se os outros livros não possuem o que consta nele, de nada servem, e se contém o que já está nele, são inúteis, portanto devem ser destruídos. Em 1986 um Ulamá, líder religioso da mais alta importância, emitiu uma fatwa, ou confirmação de dogma, afirmando que a terra é plana, e quem afirmar o contrário está contra Deus.

No cristianismo, para que os livros considerados sagrados pudessem se enquadrar com os dogmas criados para permitir a manutenção do poder dos sacerdotes, chegaram a efetuar milhares de alterações nos textos da Bíblia, o que somente deixou de ser feito após a invenção da imprensa.

Nas religiões antigas e diversas do judaísmo, não ocorriam heresias e nem possuíam dogmas, já que não eram derivadas de nenhuma afirmação de que a divindade houvesse se pronunciado, isto é, não eram religiões de revelação.

O judaísmo deu origem ao cristianismo e ao islamismo, e no século XIX se criou nos Estados Unidos da América do Norte uma variante do cristianismo, o mormonismo, todos com a intenção de pregar o Deus Judeu como verdadeiro e esse povo como o único escolhido pela divindade.

A influência do cristianismo renovado na América do Norte, com seu puritanismo, levou a uma filosofia de vida mais hipócrita do que a que foi gerada pela Igreja Católica no restante das Américas. Uma fé absurda de que somente eles estão com a verdade, que foram escolhidos por Deus para uma missão, é a crença mais doentia de que um homem pode sofrer, imaginem isso cultuado por toda uma nação.

A Democracia no Brasil e a ideia de liberdade deixada pelo cristianismo

Malediel mostrando muita impaciência resolver intervir: essa fé inculcada nos americanos pela religião cristã, na sua forma renovada, é a base da democracia adotada naquele país, e isso você não poderá contestar, eles são realmente democráticos. Você com sua mentalidade arrogante sabe o que é democracia? Incentivei: isso mesmo Veralgor, mostre a sua concepção de democracia.

Veralgor interveio: nada mais distorcido do que o que hoje se considera democracia. Na verdadeira democracia todos têm oportunidades iguais de ascenderem socialmente e economicamente, exercitando seus direitos e deveres como cidadãos.

Sempre ouvimos dizer sobre o caráter democrático do brasileiro, o que na realidade é um mito. O Brasil durante toda sua história somente viveu em democracia durante uma parte do Governo de D. Pedro II e na república não mais que 20 anos, isso nos últimos 200 anos. O brasileiro possui uma mania compulsiva de criar leis impeditivas, prendendo-se em minúcias e mesquinharias, tornando a vida do cidadão cheia de entraves, tanto no nível pessoal como no empresarial. Isso é decorrência de nossa herança cultural, provinda principalmente de dois povos dominados, acostumados a viver na peia e cujos descendentes são os políticos de hoje, herdeiros dessa cultura, escolhidos por uma massa dominada, que na sua maioria sem condições de identificar realmente representantes sérios.

Nossa democracia é tão estranha, que mesmo governantes sérios não podem governar se não entrarem em conluio com outros sem nenhum escrúpulo, mas que representam grande parte do país.

Outro paradoxo deste nosso país, é que apesar de todas as intempéries sociais, está realmente adquirindo uma mentalidade democrática, porém mantendo o voto obrigatório.

Por má-fé de nossos políticos este absurdo herdado dos tempos das ditaduras subsiste, já que é do interesse deles o maior número possível de eleitores, e se possível os mais despreparados, já que estes podem ser manipulados da forma mais vergonhosa.

Outro ato dessa falta de vergonha que beira a ausência total de caráter, defendido inclusive por "intelectuais" de boa fé, é o voto para os presos, num afã de se alargar o número de eleitores descompromissados com qualquer responsabilidade. Inclusive para garantir que os presos sejam fiéis imaginou-se recompensá-los com um salario maior que o mínimo por sua atuação criminosa, com a alegação de garantia de subsistência para suas famílias. Imaginem como seria fácil manobrarem-se esses votos. Já se conseguiu anteriormente a permissão para que jovens de 16 anos possam votar, o que não seduziu muito a mocidade, embora as campanhas subliminares na televisão procurem induzi-los.

Toda vez que se fala em democracia no Brasil se pensa nos Estados Unidos, por um claro desconhecimento do que seja aquele país.

Os Estados Unidos são o maior país policialesco do mundo, onde todos acreditam viver na liberdade, sem tomarem consciência de que são controlados desde que nascem até a morte. São induzidos a um patriotismo extremo, acreditam-se os melhores do mundo e poucos conhecem além de suas fronteiras, embora seus políticos vivam interferindo em todos os cantos do planeta. Essa mania de se considerarem os melhores do mundo, os verdadeiros guardiões da ordem mundial é uma clara consequência do próprio cristianismo arraigado e fanático que está na base de sua filosofia. Aí fiz uma intervenção: não consigo entender como o cristianismo, uma doutrina de amor, fé, de igualdade entre os homens pode gerar a arrogância de todo um povo? O que você diz sobre isso Malediel?

Malediel pensou um pouco, olhou com certo rancor para Veralgor, e iniciou sua explanação: os primeiros puritanos que vieram para a América trouxeram todo esse ideal cristão e se dispuseram a fundar um país onde todos pudessem acreditar livremente. Lutaram para manter essa ideologia de liberdade e igualdade, e com isso fizeram a grandeza daquele novo país. Realmente os Estados Unidos são a terra das oportunidades e da liberdade. E isso se deve aos ideais transmitidos pelo cristianismo, com a sua pureza de ideias. Não se pode de forma alguma afirmar que o cristianismo tenha gerado algum tipo de arrogância.

Veralgor olhou tranquilamente para o seu etéreo companheiro, balançou suavemente a cabeça, e num tom muito calmo e lento começou a falar: a influência do Cristianismo com seus dogmas sem nenhuma justificativa real levaram a um atraso espiritual e cultural imenso, sendo que a implantação de tais dogmas se deve muito mais à própria figura de Jesus, que apresenta lacunas que não podem ser sanadas, já que sua história foi inventada de ponta a ponta para se aproveitar de um momento histórico. Com relação a Jesus Cristo, sempre faço questão de afirmar que se trata de uma criação com influências nitidamente gregas, já que une a ideia de um homem comum e um ser iluminado, que posteriormente foi divinizado, daí o nome composto. Considero que deveria ser dito Jesus, o Cristo e não Jesus Cristo, já que esse apodo era uma qualificação, e existiram muitos Cristos, que quer dizer Ungidos ou Iluminados. Sobre o surgimento desse personagem e a religião baseada em suas ideias posso afirmar o seguinte. Os romanos, povo organizado, registravam todos os fatos que ocorriam nos mais diversos pontos que estavam sob seu controle e, fato interessante, não existe um só registro sobre as passagens citadas no Novo Testamento sobre esse personagem. As poucas encontradas, hoje se sabe, foram inserções falsificadas. Historiadores da época, Flávio Josefo, Plínio, Sêneca, Philon de Alexandria, Justo de Tiberíades e Suetônio nada falam sobre o personagem Jesus. Uma passagem encontrada em Antiguidades Judaicas de Flávio Josefo, citando a "raça dos cristãos", sabe-se ter sido uma inserção falsificada por Eusébio, Bispo de Cesaréia. Aliás, esse bom personagem, Eusébio, em sua *Demonstração Evangélica*, escreveu um capítulo que justifica a existência de Malediel, cujo título é **"Até que ponto é permitido empregar a mentira como remédio, para uso daqueles que este método pode levar à conversão!".** Por aí se vê que não se considera errado utilizar-se da mentira, desde que essa leve a conversão das massas, isso aplicado por um dos pais da Igreja. Acredito inclusive que fez uma boa escola. A toda virada de Era surge uma nova divindade, e sabedores disto, os judeus, que naquele final de Era estavam sob o jugo dos Romanos, sabiam também que esse povo era essencialmente prático e não tinham nenhum fanatismo religioso, aceitando os Deuses dos povos com quem mantinham contato, sabiam também que a massa romana havia adotado um Deus trazido da Pérsia, chamado Mitra. Consideraram que podiam criar uma nova divindade com muitas das qualidades daquele mito persa e com isso poderiam trabalhar a cabeça romana.

O Deus Mitra era uma divindade representada por um homem jovem, que teria nascido de uma virgem no interior de uma caverna, e que aos 33 anos teria sido crucificado na árvore da vida, tendo voltado a viver após três dias, sendo considerado um Deus de amor e justiça. Seus cultos eram realizados em profundas cavernas e subterrâneos, com muitos segredos. Onde existisse tropa romana encontrava-se um Mithraeum, já que Mitra era a divindade adotada pela massa, enquanto os Deuses Gregos eram venerados apenas pela elite.

Diante disso, e sabedores de que a cada mudança de Era o ritmo da humanidade sofria uma alteração, os judeus criaram o personagem Jesus (Iessuf Ben Iussef), que depois recebeu a qualificação de Cristo.

Com suas características de promessa de igualdade entre os homens, da filosofia de amor e promessas de felicidade futura, fatalmente atingiria a grande massa.

Todos os documentos que narram a passagem de Jesus pela terra foram escritos nos dois primeiros séculos, sendo que foram utilizadas palavras de centenas de sábios, para poderem criar uma filosofia que atingisse o maior número de pessoas.

É interessante que a maior prova de que foi uma criação cerebral é a de que, para evitarem muitas contradições omitiram todos os relatos de sua infância e adolescência, narrando somente após os 30 anos e sua morte, num período que abrange em torno de pouco mais de dois anos, não existindo nenhum texto de sua autoria e tudo que se fala sobre ele demonstra um distanciamento como se fossem histórias ouvidas de outrem, como se pode ver nos evangelhos aceitos pela Igreja. O mesmo ocorre com relação aos apócrifos que foram banidos pelos padres.

Sobre a questão da identidade de Jesus, o Papa Paulo III (1534-1539) dizia o seguinte: "Cristo não era senão o Sol adorado pela seita mitríaca sob a forma do carneiro ou do cordeiro. Explicava as alegorias da encarnação e da ressurreição pelo paralelo (lido em São Justino) entre Cristo e Mitra. Dizia que a adoração dos magos era a cerimônia na qual os sacerdotes de Zoroastro ofereciam ao seu deus ouro, incenso e mirra, as três coisas relacionadas com o astro da luz. Afirmava que a Constelação da Virgem, ou antes, de Ísis, que corresponde a este solstício, e que presidiu ao nascimento de Mitra, o que, segundo o Papa, bastava para demonstrar que Mitra e Jesus eram o mesmo deus.

Afirmava mesmo que não existia qualquer documento com autenticidade irretocável, que provasse a existência de Cristo como homem, e que, quanto a ele, estava convencido de que nunca tinha existido".

Por mais ou menos 300 anos essa filosofia pouco avançou, porém quando Constantino se tornou Imperador de Roma, precisou utilizar algo que unisse o pensamento do povo romano, daí optou por adotar uma religião única, ficando com duas divindades a escolher, Mitra ou Jesus. Optou pelo último, e sabe-se que não acreditava em nenhum dos dois, tanto que somente se batizou no momento da morte. Sua escolha se deveu ao fato de que Mitra tinha um culto complexo e cheio de mistérios, necessitando que o adepto passasse por uma iniciação de vários anos, enquanto o cristianismo não possuía essas exigências, bastando apenas batizar-se e afirmar ser cristão.

Outro ponto de interesse para o Imperador é que apresentava uma filosofia com duas leituras, uma para a classe privilegiada, onde se lia que *o de César deveria ser dado a César*, isto é, preparava a massa para a aceitação do poder nas mãos de alguns, entregando a estes o que alegavam ser de sua propriedade, não importando se roubado, usurpado, espoliado ou qualquer outra forma de apropriação; enquanto em outra leitura se via que os "paupere spiritus" ou **pobres de espírito** *(hoje somente pobres)* **herdarão o reino dos céus**, *o que levava a* grande maioria a aceitar o seu destino qualquer fosse ele, desde que tivesse uma recompensa futura.

Como era representado como o Sol Invicto, os padres cristãos adotaram a data do grande solstício de inverno, que já era venerado pelos povos mais antigos, ou seja, 25 de dezembro.

Aproximadamente em 1972 entramos na Era de Aquário e é aguardado o anúncio de uma nova divindade, por isso o desespero de todas as seitas cristãs, que, se não sabem, estão prevendo que o seu culto está em declínio, sendo que pela tradição se espera o surgimento de um novo avatar, natural ou criado, para este século ou no máximo até os meados do próximo. Numa tentativa de apagar o culto anterior, principalmente o dos Celtas, povo antiquíssimo e de grande saber, os sacerdotes judaizados, adotaram as suas datas sagradas, e demonizaram os deuses antigos. Onde não conseguiram transformar os deuses antigos em demônios, já que eram por demais venerados, fizeram com que ganhassem uma forma cristã, como a antiga Deusa Mickil que foi transformada em São Miguel, ou então a antiga Deusa Dana que se transformou em Santa Ana, e muitos outros. Realmente a filosofia embutida no cristianismo é muito bonita, porém a forma como foi transmitida, com o uso da força e da destruição, sem o respeito mínimo pela história de cada povo convertido, gerou uma arrogância e uma convicção de que os cristãos são os senhores da verdade, impregnando a todos os fiéis dessa religião, principalmente aos puritanos, que se julgavam melhores do que os outros, acreditando que haviam sido dotados por Deus para essa missão. Vejam que a verdadeira história da expansão do cristianismo começou com a adoção por Constantino de uma religião que pudesse permitir ao Estado controlar e unir seu povo, o mesmo ocorreu com Carlos Magno, e posteriormente quando o cristianismo tinha o seu próprio Estado, com as investidas do Papado abriram um leque maior de domínio. Os rebeldes que se insurgiram contra o Papado, formando uma cisão no cristianismo foram mais adiante, acreditando piamente que estavam restaurando a religião, e, portanto eram os mais puros e como conseguiram vencer toda a oposição armada pelo Papa, com todo o seu poderio de influência e armas, acreditaram piamente que Deus os havia escolhido. Um povo que fez disso a base da construção de seu estado, como é o caso dos americanos, não poderia gerar uma filosofia de verdadeira igualdade. Nos Estados Unidos, iguais são somente os iguais, isto é, os americanos de origem branca e saxônica. Mesmo outros povos tão puramente de raça branca como eles, como os espanhóis, italianos, franceses, são olhados com desprezo e desdém. Imaginem que igualdade podem esperar os povos que ali aportam em busca de liberdade e vida melhor, como no caso dos cubanos, dos porto-riquenhos e vindos de outros países centro-americanos e sul-americanos.

Malediel e Veralgor, mesmo que a filosofia cristã tenha sido distorcida, isto não quer dizer que o desejo de conhecer Deus seja falso, tanto nos Estados Unidos como no resto do mundo. O que me dizem sobre isso?

Malediel doutrinando: o desejo de conhecer Deus é natural e inerente ao homem, a sua aceitação é que uma questão pessoal. Deus exige que tenham fé nele, até para poder elevar o homem. Não há como contestar a existência do Deus criador de todo o Universo. O Deus que se manifestou a todos os grandes profetas, a Moisés, e que entregou seu filho ao sacrifício para a salvação da humanidade. Esse é o grande conhecimento que todos os iniciados possuem.

Veralgor comentou: pela total insignificância do homem em relação ao Universo, embora a grande parte da humanidade não tenha a menor ideia dessa grandeza, sente uma necessidade de explicar como surgiu e qual a razão de seu surgimento. Precisa também o homem de alguém a quem recorrer quando se sente incapaz de resolver suas próprias questões. Toda a nossa cultura foi criada baseada em um erro e menosprezando outras mais antigas. Ocorre que a civilização ocidental, atualmente predominante, se baseia na ideia de que um Deus andou na terra e as mais antigas tinham seus deuses muito mais reais, já que eram símbolos das forças naturais, e, portanto havia muito mais espiritualidade entre elas. Algumas dessas culturas ainda sobrevivem, porém são olhadas com desdém pelo resto da humanidade que se julga detentora da verdade. Creia-se que ao se poder falar com Deus este não será o Deus que criou todas as coisas, pode ser qualquer coisa, menos Deus, já que com Deus não se fala, sente-se.

Essa pregação sobre falar com Deus só interessa às classes dominantes dos sacerdotes e dos aproveitadores que querem governar os homens. Os primeiros alegam seus poderes de intermediação para poderem auferir vantagens pessoais e de grupo e os segundos se aproveitam da ignorância geral, fazendo crer que foram dotados por Deus com a capacidade de mando. Até o velho ditado Vox Populi, Vox Dei (Voz do povo, Voz de Deus) foi uma forma de induzir a essa aceitação, já que primeiro se faz a cabeça do povo para certa ideia e posteriormente, induz-se a massa a uma eleição, e esta no erro, crente na veracidade de suas convicções escolhe o que lhe foi incutido.

O verdadeiro Deus seria aquele encontrado no interior de cada ser humano, não sendo necessário nenhum intermediário para que se possa contatá-lo. O Deus encontrado nas escrituras e que teria falado e comunicado o seu saber aos homens, inspirando-os na elaboração da Bíblia não tinha consciência da grandeza do que havia criado, tanto que fez com que os homens afirmassem que a Terra era o centro do Universo. Das duas uma, ou os escritores e narradores da Bíblia mentiram quando afirmaram ter falado com Deus, ou então a entidade com quem falaram não era Deus. De qualquer forma o resultado ficou comprometido. A grandeza do Universo é tão imensurável que os corpos celestes mais próximos de nós, fora do nosso sistema planetário, porém dentro da nossa galáxia, estão a centenas de anos luz. Para se ter uma ideia, um planeta possivelmente com vida inteligente, já que apresenta todas as características semelhantes a Terra, encontra-se a 140 anos luz, ou seja, é só calcular, tomando-se a velocidade da luz em torno de três mil quilômetros por segundo, multiplicada pelos segundos existentes numa hora, multiplicando-se novamente por 24 horas, a seguir multiplicando-se novamente pelo número de dias de um ano e por último uma nova multiplicação por cento e quarenta (3000 x 60 x 60 x 24 x 360 x 140) e teremos a distância em quilômetros. Isso serve para que se tenha uma pequena ideia das distâncias envolvidas para uma noção do que é o Universo. Existem teorias as mais variadas quanto ao Universo, inclusive uma que prega que na realidade vivemos num Cosmos que se encontra como uma série de pastilhas e outra que na realidade é como se fosse um plano enrolado e que em razão das características da luz temos uma ilusão de planura. Por essas teorias, poder-se-ia encurtar distâncias por meio do que os cientistas chamam de "worm hole" ou buraco de minhoca, isto é, encontrando-se um desses buracos se poderia passar para outra camada do Cosmos, diminuindo-se grandemente as distâncias.

Outras teorias falam sobre a possibilidade de que o nosso mundo não seja composto apenas pelas dimensões percebidas por nós, existindo outras não perceptíveis, mas nem por isso deixando de nos influenciar. Isso seria o que se supõe serem os universos paralelos ou dimensões paralelas.

Pelo que está exposto anteriormente se vê que a noção de divindade pregada pela maioria das religiões está muito aquém da dimensionalidade real. Se você quiser criar um Deus, encontre pelo menos mais duas pessoas que creiam juntamente a você em uma entidade. Fatalmente outras pessoas se aglutinarão em torno desse culto e logo estará fazendo prodígios. Todos os Deuses foram criados à imagem do homem, e não como se quer fazer passar, que o homem teria sido criado à imagem de Deus. *O verdadeiro Deus não é atingido por preces ou rituais de qualquer natureza, ou se está vibrando em sua escala ou não se está.* Todos os livros antigos e toda tradição verdadeira dizem que o Deus é o incriado, o infinito, onipotente, onipresente e imponderável, não tendo início ou fim, fazendo parte desde a mais ínfima partícula até o mais gigantesco dos seres. Na realidade Deus é o espírito do Universo e o próprio Universo, sendo que cada corpo celeste é uma de suas células. Não necessita de altares ou intermediários, já que em nada diferirá se as criaturas creiam ou não em sua existência. A diferença é meramente conhecer ou não conhecer. A ninguém que esteja fora de sua vibração energética, mesmo se a ele recorrer recebera benesse, porém caso se esteja na vibração correta, o ser humano poderá atingir o que desejar, e se não estiver nessa escala de vibração nada conseguirá, tudo que fizer estará fadado ao insucesso.

Toda a literatura criada sobre quaisquer dos Deuses é mera intrujice com o fim de obtenção de poder e controle sobre a humanidade, tratando-se do mais falso conhecimento e iniciação.

Retruquei: mas as religiões sempre existiram, de uma forma ou outra, qual a razão que leva os homens a se reunirem em grupos que creem de forma comum?

Malediel afirmou: crer em Deus é um fato natural para o ser humano, é um estado de espírito, porque todo o universo, todo ser criado é uma partícula de Deus, é a verdade em que todas as religiões se fundamentam, mas que, infelizmente, depois manipulam, criando formas e necessidade de venerar o seu Criador, que passa a estar fora, não mais dentro do homem, que para fazê-lo presente novamente em sua vida tem que seguir regras impostas por uma organização formal e indicação dos responsáveis e guardiões dos ritos. Veralgor concordou com relutância: realmente o homem sente necessidade de estar perto de Deus. A religião é uma crença partilhada em grupo. A religião se oferece para dar explicações as perguntas e o apoio quando o fiel necessita, fazendo com que desenvolva a sua fé. No entanto existe algo mais.

Existem três tipos de religião, as de desenvolvimento natural, as de revelação e as de conhecimento.

As de desenvolvimento natural se baseiam na divinização dos poderes naturais, isto é, as forças da natureza, podendo ser encontrada nos mais diversos estágios, desde as mais primitivas até algumas muito espiritualizadas. Na realidade o seu início é verdadeiramente a prática de ritos de magia, evoluindo pouco a pouco.

As religiões chamadas de revelação são as predominantes nos dias de hoje, e seus fiéis as consideram as mais espiritualizadas, porém em sua maioria são crenças de duas leituras, ou seja, uma para os crentes comuns que não a conhecem a fundo, e outra leitura para os que conhecem, sendo que entre estes estão os que cultuam o lado negro.

Toda religião de revelação foi criada por um manipulador ou por um paranoico, não há como fugir disso. A intenção geral é o domínio da mente das pessoas e o controle de seu comportamento, seja por que o criador quer o poder para si, ou se acreditar que está em contato com alguma divindade, passará o poder para esta e algum outro acólito do líder tirará as vantagens. Nesse tipo de religião, normalmente se incorpora o conhecimento de base de outra religião mais antiga, transformando-o para seu próprio uso. Interessante notar nessas religiões que muitas das proibições ali pregadas, como se fossem as palavras de Deus, são medidas higiênicas e alimentares, úteis para a região onde se desenvolveu a religião, e que de outra forma não seriam adotadas pela massa. *Citemos o caso da proibição da carne de porco, das bebidas alcoólicas, ou ainda a necessidade da circuncisão para os meninos. Temos que pensar que o álcool e a carne de porco são terrivelmente maléficos para quem vive em região desértica muito quente, assim como a eliminação do prepúcio dos meninos evitava sérias moléstias derivadas da falta de higiene corporal.*

Nas religiões ditas de conhecimento, em que um saber mais profundo faz parte da base de quem o detém, criando-se sobre ela rituais para que os fiéis, incapazes de entender o saber, possam usá-lo e aceitá-lo, aos poucos vai se deteriorando todo o conhecimento que as compunham, transformando-se simplesmente em crenças e superstições, gerando a intolerância e preconceitos.

Entre estas se destaca uma, hoje menos, mais durante muito tempo foi alvo certeiro do cristianismo. O Budismo, criada seiscentos anos antes de Cristo, por um príncipe hindu de nome Sidarta ou Gautama, é uma das únicas em que não consta a existência de um Deus. Trata-se mais de um sistema filosófico que não se apoiou numa divindade, tratando mais do homem e sua relação com o universo. Cada ser humano deve procurar a divindade que está dentro de si. Como regra de conduta e vivência indica que o caminho do meio é a grande via do homem. Evidentemente, também essa religião caiu, em alguns lugares, no desejo inconsciente coletivo materializar sua divindade, como é o caso do budismo praticado no Nepal e no Tibet, onde foram incorporadas as mais diversas divindades e entidades do bem ou do mal.

Os Alucinógenos Divinos

Interessante que no início de quase todas as religiões está o uso de alucinógenos e outras drogas, utilizadas pelos sacerdotes para poderem abrir os portais da percepção e poderem entrar em contato com as divindades. Todas as religiões de origem semítica e as do Novo Mundo fizeram largo uso delas.

Perplexo, indaguei: você está afirmando que o uso de drogas pode estar ligado ao judaísmo, ao cristianismo e ao Islamismo?

Malediel contestou: você me deixa irritado, aí já é querer torcer demais, Veralgor, lógico que Deus se manifestou nessas três religiões da forma como está em seus livros sagrados. É má-fé querer afirmar que essas religiões tenham tido um início semelhante à de tantas outras consideradas xamânicas.

Calmamente, Veralgor continuou: é interessante saber que na base de quase todas as religiões encontrava-se a droga. Nas religiões originárias na Babilônia ou as de origem semita encontra-se o uso do cogumelo Amanita Muscária (o cogumelo vermelho que é mostrado no conto Alice no país das Maravilhas), que permite aos seus usuários terem visões de cunho religioso. O mesmo ocorre com o cogumelo Stropharia Cubensis, encontrado onde existir excremento de vaca. Analisando as visões tidas por vários profetas judaicos, Moisés, os apóstolos de Cristo e o próprio Maomé, fica claro que se utilizavam de métodos para alargar a consciência, jejuns e beberagens, que lhes permitiam ter visões místicas. Em todos os cultos religiosos existentes, na América pré-colombiana estavam as drogas, desde o peyot até a coca e o epadu.

Nos anos 30, quando o seringueiro **brasileiro** neto de escravos Raimundo Irineu Serra (1892-1971), o mestre Irineu, fundou a doutrina do **Santo Daime** no Acre, o culto do Santo Daime, no qual se ingere uma infusão da maceração do cipó Huascar com as folhas da Chacrona, permitindo que seus adeptos tenham as visões mais desencontradas.

Interessante que essa infusão utilizada pelo Santo Daime, mesmo sendo droga alucinógena, não está enquadrada nessa categoria pelas nossas leis, isto até que apareça algum "esperto" que consiga transformá-la de líquido em algo mais fácil de transportar. Estive em Boca do Acre e pude ver inúmeras pessoas que se utilizavam dessa droga e que agiam como "zumbis", inclusive dois artistas de televisão, muito conhecidos, que na época estavam hospedados num Hotel daquela pequena cidade.

Pouca gente sabe que até a década de 20 do século XX as drogas mais conhecidas hoje eram liberadas, tanto que pessoas famosas da época eram usuárias de várias modalidades delas. Com o avanço da indústria e o melhoramento do maquinário que passou a ter certa automação, exigindo um manuseio mais rápido e preciso, começaram a ocorrer em todo o mundo um número muito grande de acidentes decorrentes do entorpecimento do operário pelo uso de drogas. Diante disso passou a ser necessária uma contenção do uso. *Criou-se uma mentalidade de abominação ao uso de tais drogas, e até meados da década de 60 era vergonhoso para qualquer pessoa, a mais leve suspeição de que pudesse utilizar-se de tais produtos.*

Com o movimento Hippie e sua glamourização a droga passou a se disseminar. No Brasil ainda, mesmo nesse período, não tínhamos a figura do traficante de grande porte.

Durante o governo militar, existia uma filosofia de que se utilizando de leis haveria uma repressão dura contra o usuário, pois sendo muito difícil enquadrar o traficante, atacavam o consumo para prejudicar o distribuidor.

O pensamento era lógico e funcionava, atacando-se o consumidor, diminuía a procura e fatalmente isso afetava a oferta. Porém muitos juristas e outros com motivos piegas, que mais tarde soube ser para que alguns tirassem vantagem, passaram a considerar o consumidor como vítima, fazendo com que se mudasse a filosofia no tocante ao usuário. Deixou de ser perseguido o usuário, e evidentemente aumentou-se em muito a procura pelo produto, e por consequência a "oferta". Estava instalado o reino do traficante.

O usuário tinha pouco poder de corrupção, porém o traficante tem duas armas, a corrupção e o terror.

A magia no Cristianismo

Indaguei: a prática religiosa pode ser considerada uma forma de magia?

Malediel afirmou: de forma alguma a religião é prática de magia, sendo verdadeiramente a adoração ao Criador e o seguimento de suas leis.

Veralgor explicou: claro que é uma forma de magia, com seus ritos propiciatórios, o que varia é o tom mágico, tendendo ora para o lado da luz, ora para as trevas. Embora filosoficamente o cristianismo seja uma religião de luz, com o seu desenvolvimento foram adotados rituais tipicamente do lado negro, com os ritos de sangue, embora simbólicos, e com o culto das imagens sanguinolentas. Hoje, ao entrar numa igreja sofremos um choque, com suas imagens pregadas na cruz, com santos carregando a cabeça sob o braço, em outra o santo crivado de flechas, em outra a santa carregando os próprios olhos numa bandeja. Pode ser adorado pelos fiéis que desconhecem o que ocorre, mas continua sendo uma menção a magia negra. Perguntei novamente: mas os fiéis não veneram essas imagens com intenções maléficas, como se explica isso? Malediel, irritado, contestou: isso que Veralgor afirma é uma verdadeira heresia. Veralgor afirmou: você sabe que não se trata de heresia ou de falar do que não entendo Malediel. Na verdade os fiéis estão ali com as melhores intenções, orando e venerando. Essas imagens, no entanto com a veneração e a fé que inspiram se transformam em "voults", isto é, condensadores de energia, que permitem a manutenção das verdadeiras energias negativas que representam a dor, o sofrimento, atraindo para quem deles se valem o mesmo.

Os padres comuns são tão inocentes e ignorantes como a massa de fiéis. Somente os grandes iniciados da Igreja sabem o poder que manipulam. Insisti: estou realmente intrigado. O que é realmente a magia? Veralgor procurou esclarecer: toda religião em sua base é uma doutrina mágica, com seus rituais propiciatórios, procurando abrir um caminho de contato entre o homem e a divindade, buscando permitir que todos se beneficiem das forças universais emanadas sobre toda a Terra. Muitos se afirmam magos, procurando obter poder dessa condição, controlando uma massa de fiéis.

No entanto afirmo que mago não é o que faz sair um raio dos dedos ou que consegue parar uma tempestade e sim aquele que consegue compreender a grande inteligência, isto é, ver e entender tudo de maravilhoso que existe entre o céu e a terra.

Mago é aquele que consegue sentir e entender os segredos da natureza em todos os seus campos, como se estivesse olhando um livro aberto. Pode olhar os pássaros e os pequenos animais e prever os fenômenos da natureza, olhar o rosto de outras pessoas e saber do seu caráter ou dos seus males.

Insisti: mas, Veralgor, a Igreja matou tanta gente acusando de heresia ou prática de magia e bruxaria, numa forma de manter a pureza da fé, será que havia tanta má-fé assim por parte dela? Não estariam agindo realmente por fanatismo religioso?

Veralgor desculpou-se: não vou me fazer de rogado, vou falar muito, mas não precisa se torcer zangado Malediel.

A Igreja criou a Inquisição para poder gerar o terror e impor o Cristianismo pleno, fazendo com que as reminiscências das antigas religiões fossem destruídas. Alguns dos padres agiam por pura ignorância, achando que lutavam contra o poder do demônio, porém os que realmente mandavam, sabiam o que faziam, e criavam um campo de terror, em que o medo trazia o poder que necessitavam.

Sempre que se fala da Inquisição se considera como mera intolerância religiosa que levou a excessos e brutalidades, porém além do fanatismo religioso havia outra causa que era a ambição desmedida, uma grande má-fé e desonestidade, sendo o desejo de obter bens de um modo ou outro, extorquindo-os ou tomando dos acusados de heresia. Chamou a atenção de vários historiadores o fato de que raríssimos judeus tenham sido queimados pela Inquisição, e que estes que foram condenados eram, em sua maioria, conversos que foram flagrados executando rituais de suas crenças originais. Nesses casos a Inquisição era impiedosa com os judeus.

Outro ponto que chamou a atenção dos historiadores é que os maiores carrascos da Inquisição, como no caso de Torquemada, eram judeus convertidos. Isso por estarem a serviço dos financiadores da operação.

Chamou também a atenção o fato de que os Inquisidores não podiam derramar sangue, tanto que suas torturas tinham métodos especiais e o suplício era pelo fogo. Ocorre que algo bem mais grave ocorreu dentro da Igreja Católica, e temos todos os indícios disso.

Um culto secreto interno que necessitava de sacrifícios humanos da forma mais primitiva, em que as vítimas não podiam ter seu sangue desperdiçado, devendo todo ser queimado para que se elevasse por meio da fumaça ao Deus a quem sacrificavam. Interessante que essa forma de sacrifício era a mesma adotada nos primórdios das narrativas do Velho Testamento para aplacar a fúria de Jeová (Iavé), o Grande Deus dos Exércitos dos Hebreus.

Esse culto de necromancia dentro da Igreja Católica, com a cumplicidade de inúmeros Papas, foi aceito até o início do século XIX.

Ao lado dessa prática de necromancia havia também o crime puro e simples, já que outros mandatários da Igreja, que não acreditavam em nenhuma crença, simplesmente se aproveitavam do clima de terror para obter vantagens e grandes lucros, e os outros se calavam e aceitavam, já que paralelamente foram enriquecendo a própria Igreja.

Vejam que a moral não era a grande virtude da Igreja, tanto que para fazer crer que tinham direito ao Vaticano, forjaram um falso testamento de Constantino, que foi apresentado ao Imperador Carlos Magno para forçá-lo a conceder tal território. Tal documento foi considerado como válido até o século XIX, quando se provou que era falso. Entre extorsões, fraudes, violações e mortes se estabeleceu a Santa Madre Igreja.

Um dos atos de comércio mais lucrativo da Igreja Católica Romana e do seu ramo oriental, a Ortodoxa, foi a venda de relíquias. Ocorreram casos curiosos, como santos que tinham vários crânios espalhados por vários países, outro caso é o do manto de Jesus, que juntando os pedaços daria para fazer toda a tapeçaria do Vaticano, ou ainda os pedaços da cruz, que daria para construir uma caravela.

A Igreja atual simplesmente pede desculpas pelos excessos cometidos em nome da fé e outras atitudes, evitando analisar com mais seriedade o assunto, já que é do conhecimento de seus historiadores que não se tratava realmente de excesso de zelo pelos ditames religiosos, e sim a prática de algo totalmente absurdo, que era o culto a uma divindade demoníaca, que é a base da própria religião. Hoje se procura esquecer o Deus do Velho Testamento, sendo citado muito mais a figura de Jesus.

Age como o criminoso que passou a vida inteira praticando os crimes mais torpes e quando chegou à velhice mandou cartas aos familiares de todas as suas vítimas pedindo desculpas, mas nem por isso abrindo mão dos lucros advindos de suas práticas. É o mesmo que a Máfia italiana começar uma campanha publicitária pregando ao mundo suas virtudes, desculpando-se de todo o seu passado criminoso.

****

Uma das grandes vinganças feitas pelos nigromantes do Vaticano foi contra os Cavaleiros Templários, quando estes descobriram a realidade oculta no zelo da Igreja e o que havia atrás da Inquisição. A Igreja Católica havia se tornado, desde que se aliara com o grande demente e matador que foi Constantino I, a maior organização criminosa do mundo, matando, extorquindo, violentando sexualmente e psicologicamente, e isso usando como capa de cobertura o nome de Deus, por aproximadamente 1500 anos.

No início o cristianismo era mais uma das centenas de religiões que lutavam para se manter e conseguir adeptos, tendo certa pureza espiritual, embora já tivesse, até o século II, falsificado escritos e adulterado documentos mais antigos, inclusive os velhos escritos do judaísmo. Porém com a aliança com Constantino, obtendo o poder do estado romano, passou a agir violentamente, isso desde o século III até meados do século XIX, matando os inimigos no início e a seguir toda e qualquer pessoa que fosse contra alguns dos seus desígnios, fazendo disto uma forma de conseguir bens e riquezas.

Entre todas as organizações criminosas longevas, tais como as tríades chinesas, os assassinos árabes, os Tongs e os Sings malaios, a Yakuza japonesa e a Máfia italiana, é a Igreja Católica a mais antiga e cruel de todas, já que extorquiu e matou escondendo os seus intentos sob a capa de uma religiosidade arraigada.

Perguntei: Veralgor, mas não existiriam realmente bruxos e bruxas que agiam de forma maligna e que justificaria uma ação mais drástica por parte da Igreja?

Malediel interveio: evidentemente que não houve má-fé da Igreja em si, na repressão da bruxaria. Alguns dos padres menores podem ter aproveitado o clima imperante para obterem vantagens pessoais, porém na realidade, no geral se acreditava estarem trabalhando para garantir o poder de Deus.

Veralgor falou cinicamente: Malediel me diverte com suas afirmações. Sobre bruxaria, feitiçaria e magia, posso dizer que as acusações feitas ao longo da história sobre a possibilidade dessa prática demonstram um erro de entendimento e uma má- fé de última grandeza.

Quando não se tem o conhecimento, todo saber mais profundo é encarado como uma forma de bruxaria, isso desde a Antiguidade até os dias de hoje. Em sua maioria os bruxos e bruxas eram pessoas que haviam herdado um saber mais antigo e profundo sob como funciona as leis do universo, que muitas vezes, não era entendido por elas, em sua plenitude, e para os outros, na grande ignorância da fé, julgavam que aqueles tinham pactos demoníacos, isso no nível mais baixo da hierarquia da Igreja, porém os grandes e mandantes sabiam o que realmente ocorria e se aproveitavam da ignorância de seus próprios homens para a obtenção de imensas riquezas e um temível poder.

Os bruxos e bruxas usavam de dois tipos de conhecimento, um sobre o meio em geral e outro sobre as pessoas. No primeiro lançavam mão de conhecimentos sobre produtos minerais e vegetais, e no segundo efetuavam gestos e rituais para estimular a energia e abrir ou fechar o campo magnético, aguçando o poder da mente de quem queriam ajudar. Para a maioria das outras pessoas, que simplesmente ignoravam todo o conhecimento, tais praticantes da arte eram indivíduos muito perigosos e tinham que ser eliminados. As seitas cristãs se aproveitavam dessa ignorância para fazer aumentar o seu poder, apoiando-se no medo gerado pela ignorância e do pavor criado pela crueldade da própria igreja.

A magia negra sempre foi praticada nos mais diversos pontos da terra, isso é fato real, porém na maioria dos casos é completamente inócua.

O grande interesse nessa prática é que somente os que creem são afetados pelos trabalhos dos magos negros. A grande dificuldade desses praticantes é que necessitam de objetos chamados "voults", que funcionam como uma espécie de condensadores de energia psíquica, e para que sejam obtidos necessitam de um grande número de fiéis que creiam realmente e carreguem tais objetos.

Insisti: mas não existiam pessoas que sabiam o que estava ocorrendo, e porque não procuraram forçar a Igreja a entrar em limites, diminuindo o seu poder?

O demônio verde afirmou: o poder da Igreja era imenso, apoiando-se na ignorância e na ganância de alguns monarcas, criaram uma imensa máquina de corrupção e terror, não tiveram nenhuma dúvida em aniquilar quem pudesse se opor. Para que as pessoas não pudessem vir a ter uma noção clara do que ocorria, até a Bíblia era proibida, não podendo ser lida a não ser pelos mestres da Igreja.

Perguntei: mas naquela época não existiam intelectuais e pessoas dotadas do verdadeiro conhecimento que pudessem influir junto aos líderes da própria Igreja Católica para fazer cessar o absurdo que ocorria?

Malediel rebateu: os verdadeiros sábios estavam todos na Igreja, e por saberem do que ocorria, quando o mal estava quase tomando conta do mundo, decidiram agir criando a repressão necessária.

Veralgor foi incisivo: meu caro Malediel, sempre achei que você tomava certas posições por muita inocência, porém afirmar que sábios tomaram a decisão de fazer o terror que a Igreja implantou, com a alegação de que o demônio estava em vias de tomar o mundo, isso é demais.

O verdadeiro mal foi implantado quando houve a Conspiração para a substituição dos deuses próprios, da cultura de cada povo, pelo deus dos exércitos trazido dos desertos, com a decorrente destruição da história de vários povos.

Insisti na pergunta: mas não havia intelectuais no interior da Igreja Católica? Sempre são citados grandes pensadores católicos.

Malediel insistiu: claro que existiam grandes intelectuais dentro da Igreja, como por exemplo, Santo Agostinho e outros. Eram pessoas dotadas da mais pura inteligência e com o grande amor de Deus no coração. Foram eles que fizeram grandes mudanças na filosofia adotada pela humanidade até os dias de hoje.

O demônio da verdade procurou esclarecer: havia pessoas inteligentes e grandes iniciados, porém não tinham como agir, já que o seu poder é o do esclarecimento, e esse poder somente age quando existem pessoas dispostas a aceitar o conhecimento que podem transmitir, e não era o caso na época do auge da Inquisição. O mundo estava tomado pelo pavor, pela ignorância plena e por um fanatismo religioso incrível.

Todo intelectual e todo iniciado sabe que falar num momento desses não irá trazer nenhum bem, nem para os outros nem para eles mesmos, já que seriam destruídos de imediato.

Muitos sábios bem intencionados que faziam parte da Igreja foram queimados. Chama a atenção o fato de que muitos deles pertenciam aos próprios Dominicanos, padres da Ordem de São Domingos, responsáveis pela Inquisição, como é o caso de Savonarola e Giordano Bruno.

Muitos membros da Igreja foram queimados quando tentaram fazer com que se voltasse para a conduta de simplicidade, condenando a riqueza e o fausto desmedidos, não tanto por outras ideias. Os Dominicanos em razão de sua conduta cruel e completamente desumana foram inclusive alvo de brincadeiras retóricas, passando a ser chamados de "Domini Cani", ou seja, "Cães de Deus".

O Intelectual e o Iniciado

Na realidade, embora contrariando o que eu disse anteriormente, não se pode dizer que existiam intelectuais ou sábios dentro da Igreja, já que ou se é sábio ou se é crente, ou se é intelectual ou se é crente, não se pode ser as duas coisas ao mesmo tempo. A todo o momento vejo falar em intelectual católico, ou intelectual comunista. Nada mais falso, ou se é católico ou intelectual, ou se é comunista ou intelectual.

Uma coisa é completamente incompatível com outra, já que ser intelectual é estar livre de toda e qualquer amarra mental, enquanto ser católico ou comunista é ser cativo de um raciocínio calcado na filosofia cristã ou marxista. Isso ocorre com qualquer outra corrente religiosa ou ideológica.

No Brasil temos algumas incongruências, já que vemos os meios de comunicação referindo-se como intelectuais a artistas de televisão ou então a um escritor muito esperto que consegue fazer "best sellers" copiando ideias de autores antigos. Ser intelectual é completamente diferente, é fazer uso da elaboração mental, ser capaz de pensar onde todo mundo copia. Nem sempre o intelectual é conhecido, podendo passar toda a sua vida na obscuridade, principalmente pela razão de que o brilho não o seduz, apenas o trabalho mental.

Quis ouvir mais: o que é ser iniciado?

Veralgor não se fez de rogado: ser iniciado é estar em busca da verdade e do conhecimento. O iniciado é um eterno buscador e não aquele que afirma ter encontrado o conhecimento.

O iniciado busca o conhecimento e a verdade por dois meios, o primeiro por meio da pesquisa sobre todo o saber acumulado pela humanidade durante séculos, e o segundo a partir de uma busca em seu interior, no cabedal imenso que todo ser humano carrega em seus genes. Essa busca interior termina por uma revelação, ou seja, conseguir acessar o conhecimento dos seus ancestrais desde o início do mundo. Para o homem são isto será realmente chegar ao conhecimento, porém para o paranoico parecerá ter contatado com a divindade.

Perguntei: o que é o conhecimento?

Veralgor esclareceu: o conhecimento não é apenas um saber, é tudo que foi transmitido a uma pessoa na sua carga hereditária, desde seus ancestrais ao seu nascimento e depois o que sua mente vai registrando no subconsciente, dito ou sentido pela nossa vida, que formarão nossos paradigmas, por meio dos quais nos relacionaremos com o mundo, tanto o físico quanto o espiritual.

Para o iniciado o conhecimento nunca terá chegado a seu termo, estando sempre querendo saber mais, continuando sua busca.

Dentro do cristianismo não existiam sábios ou intelectuais, e sim grandes estrategistas que não se deixavam mover de seu intento por questões piegas, e que não recuavam um passo no intento de domínio pleno da grande massa e dos próprios governantes, eliminando todo e qualquer vestígio de antigas culturas ou expressão religiosa, fazendo com que todos os povos perdessem a sua história.

Veralgor continuou: inclusive uma das obras primas do Cristianismo foi a de transformar todo e qualquer ser humano em pecador, pelo simples fato de ter nascido. Isso criou um estado de culpa imanente em toda a humanidade cristã, que fazia com que procurassem sempre a presença de um confessor, isso até recentemente.

Falando em confessor, isso também foi um verdadeiro golpe de mestre, com a criação do instituto da confissão, a Igreja mantinha um verdadeiro serviço secreto que colocava a Santa Sé a par do que ocorria em toda a sua área de influência, sendo cada padre ou monge um agente secreto do Papado, com seus ouvidos sempre prontos a colher o mínimo detalhe e transferindo o que ouviam para o Vaticano.

As outras Culturas não aceitas pelo judaísmo cristão

Roberto se manifestou: então a história foi distorcida para que se encaixasse com a tradição judaico-cristã, não importando a realidade dos fatos?

Malediel resolveu intervir: a história não sofreu nenhuma distorção para se encaixar com a tradição cristã, podendo ter ocorrido apenas opiniões divergentes com relação a alguns fatos.

A outra entidade continuou: toda a história do Ocidente foi falseada na Grande Conspiração iniciada há dois mil anos e impulsionada quando o Imperador Constantino, num afã de tentar evitar que o império romano se esfacelasse, adotou o Cristianismo como religião oficial do estado.

A partir daí os padres cristãos começaram a destruir todos os documentos, monumentos e outros sinais da civilização anterior aos romanos, fazendo com que toda a genealogia e historiografia dos Celtas fossem destruídas. Essa gana de destruição tem sua razão de ser, já que não tendo os romanos nenhuma outra preocupação a não ser o domínio territorial, pouco se preocupando com a espiritualidade, religião ou história dos povos com quem se envolveram, nunca procuraram apagar o passado desses povos, no entanto, os cristãos na qualidade de agentes do grande sonho judaico de dominar o mundo, tinham como meta eliminar qualquer vestígio anterior, fazendo com que a humanidade acreditasse ser descendente dos próprios judeus, e, alguns povos eram o principal obstáculo para essa pretensão, foram duramente perseguidos e toda a sua história destruída.

A intenção de domínio era tão grande, que os cristãos adotaram de modo generalizado a Gênesis dos judeus. Adotaram também a versão de que das 12 tribos de Israel, 10 haviam desaparecido, e essas seriam as ancestrais de todos os povos da Terra.

Para o domínio total da humanidade era necessário dominar a alma, e para tanto tiveram que fazer com que todos cressem ser descendentes de um alegado Adão e uma prosaica Eva, primeiros pais dos judeus segundo a sua versão da criação.

Foram tão inteligentes na produção dessa religião cristã, colocada a seu serviço para a propagação servil da fé judaica, que, para manter uma distância que não os incomodasse, sempre fizeram questão de afirmar que o cristianismo era uma criação espúria do judaísmo não aceita por eles. Mantendo essa distância evitavam o ódio que seria gerado, quando o cristianismo fosse enfiado a poder de ferro e fogo na cabeça do mundo ocidental, obtendo apenas os lucros que dela advinham, tanto os financeiros como os psicológicos. Ao longo de dois mil anos, e precisamente durante os últimos 1700 anos foram destruindo sistematicamente todos os vestígios de anterioridade no mundo ocidental. Até os negros foram vítimas dessa destruição, sendo ensinados que também eles são descendentes dos judeus, tendo ganhado seus caracteres raciais como castigo por se afastarem da crença no Senhor dos Exércitos, inculcada durante a escravidão e a colonização da África. Os asiáticos escaparam a essa fúria destruidora devido a seus caracteres raciais muito diversos dos povos de raça branca e pelo fato de estarem muito distantes para serem atingidos durante o período da grande destruição.

O ódio dos judaizados era tão grande contra os druidas, representantes do lendário povo celta, cujos mestres eram chamados por Pitágoras e Aristóteles como os homens mais sábios do mundo, que durante toda a Idade Média e Renascença seus remanescentes eram perseguidos e queimados, e até hoje os filmes cujos autores e diretores são judeus os ridicularizam, narrando suas crenças de forma distorcida, como se fossem meras formas de feitiçaria e bruxaria.

Quando toda a cultura e tradição da antiga haviam sido dilapidadas, não podendo mais oferecer riscos, resolveram avançar para Oeste, já conhecido anteriormente por aquele povo odiado, onde tentaram introduzir a sua crença, e aí mais uma vez destruíram tudo que pudesse por em risco a sua fé daninha. Os cristãos, a serviço da ideologia judaica, varreram todas as Américas de sua historiografia, destruindo manuscritos e monumentos. Não puderam derrubar em razão da monumentalidade, descaracterizaram.

O pouco que sobrou mostra a grandeza da cultura aqui existente e sua antiguidade. Os historiadores afirmam que a história dos povos Maia, Asteca, Toltecas e outros na América central, assim como os Incas na América do Sul não são anteriores ao ano 1000 na sua antiguidade. Fingem não tomar conhecimento de monumentos e construções que ultrapassam em muito os 3700 anos da história judaica.

Sabe-se há muito que a cultura egípcia teria muito mais que os 4000 anos permitidos pelos historiadores, porém para que essa antiguidade não fique de forma contrária ao narrado pelos judeus em seus livros, indicam esse limite de idade para aquele povo.

Ora, qualquer pessoa que tenha um mínimo de conhecimento de desenho sabe que, quanto mais antigo um projeto, mais cheio de detalhes é concebido. Com a evolução vai ficando mais despojado, com linhas mais retas e menos detalhes.

Paremos para examinar as pirâmides da América Central e do Sul, todas elas cheias de detalhes e muito aproximadas do modelo das mais antigas do Egito. Está claro que a antiguidade das pirâmides das Américas é muito maior que a das existentes na África. Fica claro também que houve uma origem comum entre todos esses monumentos, inclusive com algumas construções piramidais da França, Espanha, Escócia e Irlanda.

Pouca gente sabe que o número de pirâmides nas Américas se conta aos milhares, sendo que as maiores estão aqui localizadas e não no Egito, porém a sua importância é minimizada para não se chocar com a tradição judaico-cristã.

Alguns dos conceitos inerentes aos povos europeus antigos, e que não faziam parte do conceito filosófico judaico, foram eliminados no trabalho insano praticado pelos judaizantes durante os primeiros mil anos do cristianismo.

Entre eles estavam o sentido de honra, ética e liberdade, assim como o respeito pela natureza.

Veja que estes conceitos se apresentam em todos os contos de fadas conhecidos e são reminiscências do velho druidismo, o de apresentar ensinamentos mediante a narração de histórias interessantes.

Os Códigos de Honra

Indaguei: o que você me fala sobre a ética e a honra.

Veralgor afirmou: os povos antigos que habitaram o território que hoje, conhecemos como Europa era acima de tudo um povo ético, já que a verdade estava acima de qualquer coisa, e isso era ensinado desde a mais tenra idade. Para esse povo as virtudes principais eram a ética, a honra, a verdade, a coragem e a liberdade.

Ao lado de outras antigas qualidades anteriormente exigidas de qualquer cidadão a ética passou de uns tempos para cá a ser olhada como virtude fascista e reacionária.

Perdeu-se a perspectiva de que não se pode viver sem ética, e que este é um princípio regulador da conduta humana.

O homem moderno, principalmente pela pregação subliminar da televisão, passou a olhar tudo que foi transmitido pelos mais antigos como algo desprezível. Todos reclamam que os políticos têm atitudes egoístas, que os policiais são corruptos, que o comércio é ganancioso, porém pessoalmente cada um também age dessa forma pouco escrupulosa.

Insisti na pergunta: e sobre a honra o que me diz, Veralgor.

Veralgor continuou: hoje os códigos de honra, assim como a ética, que herdamos de nossos ancestrais são considerados vergonhosos, machistas e reacionários, porém é interessante como, não importando a classe social, eles mantinham a sociedade em equilíbrio.

Afirmei: lembro-me que garotos com 12 ou 13 anos tinham as suas carabinas de calibre 22 nas décadas de 50 e 60 do século XX, saiam para caçar ou simplesmente treinar tiro ao alvo, e quando por uma razão qualquer ocorria uma desavença, era comum encostar-se a arma e decidir o assunto com as mãos limpas. Não se podia de forma alguma, para que não passassem vergonha, agredir garotas, meninos menores, quem usasse óculos, ofender os mais velhos, falar palavrão perto de uma senhora. Qualquer dessas atitudes era considerada desonrosa.

O portador da verdade continuou: hoje com a desintegração dos costumes e com a caracterização dos códigos de honra como reacionários e fora de época, em todo o lugar do mundo; é comum meninos discutirem com algum companheiro na escola, irem até sua casa para pegarem a arma do pai e voltar para uma vingança sobre os colegas.

Temos hoje uma população mundial, sem nenhum freio a não ser a religião nas suas formas mais primárias.

As Américas durante sua colonização foram palco de diversas experiências, diferentes, conforme a área de influência dos países colonizadores.

Na área de influência Portuguesa, onde a Ordem de Cristo imperou, iniciou-se uma experiência programada de mestiçagem, em que se sabe se perde muita informação genética pelo caminho. Com o surgimento da televisão, após a II Grande Guerra, quando esta passou a ser controlada pelos judeus, iniciou-se a pregação indiscriminada de nova miscigenação, já que interessa para esse povo o surgimento de uma população sem raízes, pois os grandes cientistas judeus sabiam que a perda da memória genética, leva a uma fragilidade na formação do caráter humano. Hoje essa pregação é desenfreada, chegando a ser ostensiva. A questão a ser discutida, não é a mistura das raças, pois esta traz sua contribuição, mas também traz sua fragilidade e esta foi programada a sobressair em um determinado povo, sem que este povo, tivesse a liberdade de optar. Essa quebra genética traz uma fragilidade que alterando toda a memória genética do ser humano e a sua recuperação demanda um maior esforço mental e poucos estão dispostos a fazê-lo. Cada raça possui uma característica de externa própria tanto positiva, quanto negativa ao se unirem para a realização da grande meta a que foi destinado o homem, trazem consigo tudo o que compõem seu universo, é assim a natureza.

A miscigenação, não é nenhum mal, porém quando isso se torna quase uma obrigatoriedade, o dano é intencional, e quem o faz sabe disso.

Somente interessa aos que pretendem controlar a humanidade, já que perdendo suas raízes e memórias genéticas, não virão a criar embaraços a quem se julga o povo eleito e que pretende estar sobre todas as nações. Procure saber se entre os judeus existe o incentivo a miscigenação? Eles abominam tal ideia e quando fizeram uso dela foi intencional para acrescentar melhorias em sua raça.

Quando falei sobre a televisão ter passado a ser controlada pelos judeus, não somente ela como os jornais e revistas, já que se trata de uma das metas encontradas nos Protocolos dos Sábios de Sião, podemos ver o que ocorre no Brasil. Das redes de televisão de canal aberto vistas em São Paulo e Rio de Janeiro, região de maior concentração humana no Brasil, e onde são gerados os programas para quase todo o país, apenas a Rede Bandeirantes não pertence a um grupo judaico ou sob influência destes.

Vejamos a TV Cultura paulista, totalmente nas mãos dos judeus, maioria de seus comunicadores, embora seja estatal. O Sistema Brasileiro de Televisão, SBT, nas mãos de Sênior Abravanel, o Silvio Santos. A Rede Globo, dirigida pela família Marinho, na verdade controlada pelo sistema Time-Life americano, e este controlado pelos Mórmons, uma seita judaizante radical. A TV Record, controlada pela Igreja Universal do Reino de Deus, totalmente judaizante e que mantém acordo com o estado de Israel. A antiga TV Manchete totalmente judaica, foi passada para outro grupo de mesma origem e mudou de nome.

Das grandes editoras temos a Abril Cultural, pertencente à família judaica Civitta. A Editora Globo controlada pela família Marinho. A família judaica italiana Carta controla outra das editoras. Os jornais passam pela mesma questão, sendo que os dois maiores grupos são controlados pela família Mesquita, cristãos novos com mentalidade judaizada e pela família judaica Frias. Se efetuarmos um cálculo aproximado, mais de 80% dos meios de comunicação estão nas mãos judaicas. Isso não é divulgado e até bem pouco tempo se encontrava muito bem escondido.

Perguntei: o conceito de liberdade sofreu alguma alteração?

O outro completou: a liberdade era um tesouro tão grande para o povo antigo, que preferiu quase desaparecer da Europa a abrir mão dele. Esse conceito não faz parte da filosofia judaica e cristã, assim como não era parte inerente da cultura dos negros da África ou dos povos do extremo Oriente.

Para esses povos o mais importante era existir, mesmo que escravos. Por incrível que pareça até para a massa romana esse sentimento era desconhecido, já que o império romano era formado pelos cidadãos plenos, uma minoria e uma grande massa de servos. Nessa massa estavam misturadas pessoas de origem romana e de todos os outros povos dominados pelo império. Todos pertenciam ao Império e a ele deviam obediência.

Com a evolução da civilização o homem passou a acreditar que era mais livre, porém para adquirir bem-estar foi abrindo mão de sua liberdade, entregando-a ao poder do estado mais e mais.

Nenhum conceito é tão vago quanto o de liberdade, já que para que esta exista é necessário que o homem mentalmente seja livre.

São tantos os pontos que escravizam principalmente os homens nos dias de hoje, presos ao consumo, a hábitos e convenções sociais, a ideologias e religião, ao horário e ao emprego, aos vícios e diversões, à família. Dificilmente alguém consciente pode dizer que é livre. Vejam por exemplo um funcionário da área técnica de uma grande montadora multinacional de veículos, muito bem pago, bem alimentado e com ensino superior pago pela empresa. Nas suas folgas vai com a família para o Clube de Campo da empresa, assim como todos os outros, ele na frente segurando as mãos de dois filhos e a mulher carregando a cesta de alimentos, assim como todos os outros. Vestem-se de bermudas, como todos os outros. Na empresa saem todos nos horários programados para almoço, retornam e batem cartão ou passam o cartão eletrônico, todos da mesma forma e vestidos iguais, olhados com severidade pelos seguranças, esses novos capitães do mato. Moram todos em casas financiadas pelo Banco da empresa multinacional, todas no mesmo estilo, decoradas com o mesmo mau gosto. Se analisarmos friamente, a única coisa que os diferencia dos antigos escravos é que recebem um gordo salário para manterem suas famílias e trabalharem em paz, sem revoltas ou maiores preocupações, gerando lucros exorbitantes para a empresa.

Pode-se dizer que esses são os tempos modernos, mas nunca que isso é liberdade.

Indaguei novamente: e a questão da segurança entre os povos, na época romana, durante a Idade Média e atualmente? Houve alguma alteração com a introdução do Cristianismo?

Malediel rebateu: o cristianismo trouxe uma doutrina de amor e fé para um mundo selvagem, em que a vida humana nada valia.

Veralgor afirmou: antes da introdução do Cristianismo, tanto no Império Romano como entre os Celtas, havia um Estado de Direito instituído, sendo os crimes contra os cidadãos punidos de forma exemplar. No Império Romano com um estatuto de Direito muito bem formulado, com o Estado forte e bem constituído, havia um sistema de repressão à violência organizada. Entre os Celtas tudo era julgado pelos Druidas, havendo um respeito muito grande pelo membro da comunidade.

Em Israel havia um estado de beligerância, com muito ódio entre as diversas classes e ódios religiosos incontroláveis, e aí o Direito era basicamente regido pela religião, não havendo o respeito pelos direitos básicos do cidadão. Havia ainda a questão de ser um estado dominado por Roma. Isso passou para o cristianismo, e quando este foi adotado pelo Estado romano com Constantino, impregnou o restante do império.

Antes da introdução do cristianismo não havia intolerância e perseguição religiosa, já que esta é típica das religiões derivadas do judaísmo, pois tanto em Roma como na Grécia a tolerância religiosa imperava. Entre os europeus da antiguidade nunca houve perseguição por motivos religiosos.

O estado de desordem gerado pelo cristianismo e pelo veneno espalhado pelos judaizantes quando penetraram na Europa, levou a um total desprezo pela vida humana, que ultrapassou em muito o que ocorreu durante o apogeu de Roma, já que ali havia pelo menos alguma organização. O desrespeito pela vida humana atingiu o auge quando a Igreja começou a adquirir poder, e isso se espalhou pelo restante da civilização.

Durante a Idade Média isto atingiu o auge, chegando ao cúmulo de Bispos utilizarem as horas ociosas praticando a caça ao camponês herege, utilizando-se de cães e lanças, apenas para seu divertimento.

Com a introdução das perseguições aos hereges e depois com a instituição da Inquisição, houve como que uma autorização geral para a matança pelos padres. E isso refletiu em toda a humanidade da Europa, já que as autoridades que deveriam dar o exemplo não respeitavam o mínimo aos seres humanos. O que se dizer então das camadas mais ignorantes da plebe? A vida humana não valia nada em toda a história antiga, durante a Idade Média e após o Renascimento até o início do século XX. Foi uma longa evolução.

A todo o momento ouvimos falar da violência em que estamos vivendo hoje, numa insegurança como nunca houve em tempo algum na história da humanidade. Isso não é bem verdade.

Quando se pensou que a humanidade afinal havia conseguido encontrar um equilíbrio, o aumento desenfreado da população, com a quebra das raízes e tradições, com o declínio da cultura, com o rompimento dos valores básicos como a honra, a ética e o respeito ao próximo, com o decorrente desequilíbrio da divisão das riquezas, além de um acovardamento do homem moderno, com a perda do espírito pioneiro de defesa da família e do grupo, atribuindo-se ao Estado toda a obrigação de sua proteção, o que vimos foi o fortalecimento do banditismo e sua consequência, a violência e insegurança para todos.

Ocorreu com a chamada socialização global uma mudança na filosofia humana, em que procurando preservar ao máximo os direitos dos cidadãos, houve uma distorção, passando a uma preservação maior dos direitos dos marginais, já que estes tiram proveito de todas as leis que haviam sido adotadas para o bem dos cidadãos plenos.

Enquanto não se mudar a filosofia, garantindo aos marginais somente os direitos básicos do ser humano, passando a considerá-los como pessoas que conscientemente adotaram um meio de vida que lhes retira a cidadania, não haverá condições de diminuir a violência e a insegurança.

Indaguei: mas, Veralgor, os Direitos Humanos tem que ser respeitados, mesmo para os bandidos.

Veralgor respondeu: quando alguém abre mão de seu direito de cidadão, tornando-se o predador de sua própria espécie, somente tem que ter garantido o direito básico como homem, sem nenhuma regalia, que, aliás, os homens de bem e poucas posses não têm.

Por conta do grande número de bandidos na rua, aumenta-se o número de polícia despreparada que termina por violar os direitos dos cidadãos trabalhadores e decentes, já que na visão das tropas todos deverão estar condicionados a suas ordens militares. Necessário seria um recondicionamento das forças civis para o combate ao crime.

A maioria dos nossos cidadãos não pode usufruir o que é garantido aos marginais que vão para a cadeia, isto é, duas refeições menores e duas maiores ao dia, horário de lazer, tratamento médico e dentário e outros mais, sexo com suas mulheres, celular para continuar se comunicando com o mundo e gerenciando seus negócios, apenas estão privados do direito de ir e vir, diante disso para muitos deles estar preso não é tão ruim, dizer o contrário é hipocrisia ou desconhecimento da verdade.

Evidentemente que o fato de o cidadão ter sido condenado não faz dele um bandido, já que muitas vezes ocorrem fatos imputáveis, mas que não caracterizam que o cidadão faz disso meio de vida. É necessário separar-se o criminoso que faz do crime meio de vida daquele que praticou um ato condenável por outras razões.

Instaurou-se um império de violência, principalmente decorrente do aumento do tráfico de entorpecentes, e hoje raro é o cidadão que não foi vítima de alguma forma. O Estado sem condições de exercer as funções que a sociedade dele exige, com sua morosidade e incompetência burocrática, todas as ações são lentas e ineficazes, deixou a população desamparada.

****

Procurei saber: e nesse contexto o que se pode dizer do papel da imprensa e das manifestações populares? O que me dizem Malediel e Veralgor?

Malediel interveio: a imprensa tem o seu papel fiscalizador, mantendo-se alerta a tudo que possa prejudicar a sociedade, além de conduzir certas linhas de pensamento, transmitindo ideias de interesse geral. Quanto aos movimentos populares, estes são a manifestação do descontentamento da massa e de suas necessidades, levando aos que governam o que clamam, e como dizia o velho ditado, "Vox Populi, Vox Dei".

Veralgor afirmou: manifestações populares podem ser colocadas em duas classificações, as espontâneas e as induzidas.

As espontâneas resultam de uma reação em cadeia, derivadas de provocação, quer de ato praticado por um indivíduo, quer de ato de governo, que incita os mais politizados a buscar valer seus direitos, quer como indivíduo ou grupo, fazendo emergir os movimentos de massa.

As manifestações induzidas podem ser resultantes de propaganda sobre algum assunto, um chamamento para alguma reinvindicação ou então como forma de chamar a atenção das autoridades ou da própria sociedade para algum reclamo importante.

Ambas, porém estão impregnadas da emoção incontida que ocorre no primeiro tipo, sendo em sua maioria marchas inócuas.

Uns exemplos são as manifestações pela paz contra a violência, ocorridas principalmente nos grandes centros no Brasil, derivadas do grau de insegurança em que vive atualmente o cidadão, em razão do banditismo.

Nas marchas realizadas no Brasil apenas um dos lados é chamado, já que o outro, o dos bandidos nem toma conhecimento do que está sendo clamado pela população, servindo apenas para informá-los que a sociedade está apavorada, portanto uma presa fácil.

Quanto às autoridades, principalmente as policiais, sabem que atuando contra os bandidos como a sociedade quer, isto é, tratando-os com a maior humanidade, não conseguirão resultado útil, já que existe um estado de beligerância armada, de um lado a sociedade respeitando suas regras e de outro uma horda que não respeita regras. Como as autoridades não recebem permissão da sociedade para um combate duro e sem regras, estão completamente amarrados para atuarem.

Quanto à Imprensa, tanto a falada como a escrita, realmente o seu papel seria a de fiscal para o povo, além de fazer circular ideias de interesse para os cidadãos em geral. Porém isso é teoria.

No Brasil, onde temos a imprensa amarrada por um lado aos interesses sionistas e do outro minada por muitos profissionais de ideologia marxista ou ainda presas ao Estado, não existe um equilíbrio real nas suas manifestações.

A televisão, vinculada ao governo em razão de se tratar de concessão, evita atuar na área, evidenciando questões que alimentam o terror e a desigualdade na sociedade num incentivo ao pensamento dominante do medo que leva a um desligamento de outras questões de maior interesse e que podem prejudicar o interesse dos controladores desses órgãos manipuladores da opinião pública.

A questão foi tratada de forma tão inteligente pelos magnatas da imprensa e seus apaniguados, que o simples fato de levantar essa atuação dos jornais e televisão é tratado como atitude reacionária e atrasada, além de conduta preconceituosa. Manobraram tão bem a opinião pública que qualquer menção ao que ocorre é taxada como atitude não compatível com os tempos modernos e uma tentativa de cercear a liberdade da imprensa.

Noutro lado, como interessa à imprensa em geral o estado de caos, já que o desespero gera necessidade de conhecimento do que ocorre, os jornalistas atuam em dois sentidos, de um lado fazem alarde da violência imperante e de outro cerceiam o trabalho de quem vai combater o crime, ou fazendo correr notícias sobre o que vai ser feito pelos órgãos policiais, ou então superdimensionando qualquer atitude mais pesada que se tornou necessária para o combate, criando uma reação contra as autoridades policiais.

Num outro ponto a imprensa atua de forma negativa, quando supervaloriza um marginal, fazendo com que o nome deste apareça a todo o momento, quando na realidade o fato deveria ser noticiado friamente. Os marginais, com raras exceções, são incultos e vaidosos, e com a atuação da imprensa, ocorre uma disputa entre eles para ver quem irá aparecer mais. Tornam-se celebridades. Em decorrência do período da ditadura militar, no qual houve um cerceamento muito forte da imprensa, por meio dos órgãos de censura, criou-se uma mentalidade de que a imprensa tudo pode, não podendo ser mais controlada, e aí manipulada por pessoas infiltradas e de muita má-fé, houve uma campanha orquestrada no sentido de fazer crer à população de que os órgãos governamentais de segurança são formados por bandidos e os verdadeiros bandidos são vítimas da sociedade, que devem ser tratados com todo o respeito e dignidade.

Essa inversão praticada pela imprensa, contra a população, deveria ser coibida.

A imprensa pode e deve ser livre para noticiar e não criar linhas ideológicas. Quando age como formadores de opinião, alguém está por trás para conduzir essa orquestração, que fatalmente levará a alguma vantagem para grupo ou facção, deveria ser ferozmente fiscalizada nessa atuação.

Já que a imprensa quer atuar seriamente, deveria ressaltar que o cidadão no Brasil, trabalhador e honesto, não consegue ter as mordomias dadas aos marginais que estão presos. A imprensa deveria atuar no sentido de alterar a filosofia em que um indivíduo que faz do crime seu meio de vida venha a receber prêmios, deveria apenas ser preso. Necessitaria procurar formar realmente uma opinião, que fatalmente viria a sensibilizar quem faz as leis, no sentido de que aos bandidos por profissão fossem dados simplesmente os direitos humanos básicos, e nunca algo a que a maioria da população não tem acesso, mesmo trabalhando duro.

A imprensa brasileira deve deixar de agir de forma piegas diante dos fatos que noticia, limitando-se a informá-los e não fazer disso sensacionalismo.

****

Ecologia

Indaguei: quando você falou que o Cristianismo quebrou o respeito pela natureza, o que quis dizer com isso? Por um acaso o surgimento da ecologia tem alguma coisa a ver com a queda da força do Cristianismo?

Veralgor afirmou: evidentemente. Inicialmente pelo Velho Testamento, tirado do judaísmo, vemos no Gênesis que o Deus após criar o homem ordenou que nominasse todas as coisas e delas tirasse proveito. Isso leva o homem a se considerar a criação principal de Deus, podendo fazer uso da natureza como bem aprouver. Já no cristianismo, por sua pregação subliminar que afirma que o único lugar bom de fato é o céu, lá existe a justiça, a abundancia, a vida sem dor, sem sofrimento, sem medos é lá a verdadeira morada do homem, na Terra só existe o pecado e o que é mal, induz o homem inconscientemente ao desprezo pela própria natureza. Então o cristão não vê razão para cuidar deste mundo, já que está aqui de passagem, neste mundo maligno, não vê crime nenhum em destruí-lo, pois a si está reservado o reino dos céus. Em todas as religiões de origem judaica Deus teria dado aos homens o direito de usufruir a terra e dos outros seres como bem aprouvesse, desde que lhe fizesse culto. Esta é uma clara contradição, já que o mundo sendo uma criação desse Deus deveria ser venerado e protegido.

Quando cessou a perseguição religiosa, por volta de meados do século XX, com a queda do poderio do cristianismo, ocorreu um ressurgimento de velhas religiões e conhecimentos, e com essas uma nova consciência sobre a importância de se cuidar do meio em que vivemos. Hoje, até o Cristianismo, o grande inimigo da natureza, tomou como sua a bandeira da ecologia.

Após a primeira fase do contato de Roberto com suas duas entidades sobrenaturais, o relacionamento avançou e tornou-se mais ameno e aberto, com discussões mais livres e soltas.

A Politica no Brasil

Sentados tranquilamente assistindo aos noticiários diários, comentando as questões políticas, Veralgor não conseguiu conter-se e começou a falar sobre as contradições brasileiras: vejam a campanha eleitoral de 2002, um candidato derrotado diversas vezes por manter uma ideologia radical de esquerda, tendo sido sempre derrotado. Ao invés de manter essa ideologia e perseverar na tentativa de convencer o seu eleitorado de que o seu modo de pensar seria uma forma nova de governar, devendo ser dada uma chance para uma forma nova de governar, em sua campanha fez crer que na realidade deixara a ideologia radical, adotando uma linha mais amena, e isto não num crescendo evolutivo ao longo do tempo e sim de uma hora para outra. Ou mentiu ao longo do tempo fazendo-se passar como radical, fazendo "tipo", ou mentiu na campanha apenas para poder chegar ao poder. Nos dois casos houve engano, portanto condenável.

Malediel contemporizou: temos que crer que o povo sabia o que fazia, ao escolher um homem do próprio povo, que fundou um partido que sempre esteve na oposição, criticando os desmandos dos governos da elite.

Veralgor tomou a palavra: numa clara manobra de acordos, efetuados antes mesmo da eleição, como nunca antes ocorrera no Brasil, os banqueiros foram para Nova Iorque para dar apoio ao candidato. O mesmo ocorreu com os industriais, indo à televisão para dar apoio irrestrito ao candidato.

Isso mostrava que houve acordos para esse apoio, e quando banqueiros e industriais fazem tal manifestação, esperam regalias que serão cobradas no futuro.

Interessante que antes de assumir o poder, estando sendo pressionado a divulgar o seu ministério, não o fez no Brasil, tendo preferido fazê-lo apenas após consultar o Presidente Americano, numa clara subserviência, fazendo a divulgação dos principais assessores em Washington, numa manobra vergonhosa que nunca foi adotada nem mesmo pelos militares que haviam sido colocados no poder por um golpe apoiado pelos americanos. Inclusive para o Banco Central foi colocado, após ordens recebidas em Washington, um ex-diretor do Banco que financiava a direita radical americana.

Mais uma vez o povo errou ao escolher o seu governante, por não saber analisar a história da pessoa que escolheu. A todo o momento ouvia que um homem do povo chegara ao poder, o que não tem nenhuma lógica, visto que o povo trabalha, e o homem em questão pouco trabalhou, pois alegando ter sido vítima de um acidente muito suspeito, no qual perdeu um dedo da mão esquerda, sem ser canhoto, passou a viver do sindicato. Um sindicato que era contra o governo militar, mas que vivia à custa de uma lei ditatorial que é o imposto sindical, que retira um dia de salário por mês do trabalhador, para sustentar um bando de espertos que vivem à custa da política sindical. Em nenhum momento vimos o pretenso lutador da democracia falar contra uma lei ditatorial que o beneficiava. Nunca se teve nada contra um homem do povo chegar ao governo, aliás, isso é uma das particularidades mais belas da democracia e vemos a todo o momento alguma pessoa de origem humilde que estudou com muito sacrifício e chegou.

Apenas que no primeiro mandato, ocorreu o fenômeno da "Rainha da Inglaterra", ou seja, reinou, mas não governou. No segundo mandato, com a reeleição, governou de fato e aconteceram todos os desmandos possíveis e imaginários, que desembocaram na lava-jato, sob o seu nariz.

Outro fato, em qualquer país sério, uma pessoa a soldo de organização política estrangeira, seja ela estatal ou particular, não pode se candidatar. No Brasil tivemos três luminares da ideologia de esquerda que recebiam gordo salário da Internacional Socialista, sendo inclusive um deles, na época Secretário dessa mesma organização, e seus partidos recebiam uma bela fatia em dólares, sem que isso tivesse sido declarado, e a imprensa, que sabia sobre o fato, se calou.

Nenhuma organização estrangeira emprega dinheiro num país sem querer obter resultados. Afirmar o contrário é chamar a quem está ouvindo de estúpido.

Lembro a campanha de erradicação da fome mostrada pela televisão. Foi pura demagogia populista. Em tempos anteriores a esse, tivemos exemplos desse tipo no Brasil no tempo de Getúlio Vargas, que se escorou no trabalhismo e na Argentina com Juan Perón, também escorado no radicalismo trabalhista. Nos dois casos, com todo o poderio que esses governantes amealharam, nada fizeram, prejudicando em muito os seus países.

No Brasil mentir para chegar ao poder é coisa comum, e me lembro de outro apelo utilizado por outro candidato, que chegou ao poder como o grande caçador de "marajás".

Na ocasião chamei a atenção das pessoas que esse candidato havia sido eleito governador de um estado do nordeste, por sinal um dos mais pobres, e não pedindo o seu afastamento do cargo, ficou por um ano no eixo Rio-São Paulo, aparecendo todos os dias na televisão, e que isso era totalmente errado, já que seu lugar era junto ao povo daquele estado. Como "cortina de fumaça" e mesmo como forma de chamar a atenção, esse governante dizia que não iria pagar os salários do que ele chamava de "marajás do serviço público", mesmo havendo ordem judicial nesse sentido. Essa negativa em cumprir a ordem judicial gerou uma intervenção federal no Estado, sendo que os interventores efetuaram o pagamento. O governante se gabava de que ele não fizera tal pagamento, mas sua manobra era clara, com a intervenção ocorreria o pagamento e não ficaria mal com seus amigos.

Nesse caso havia duas coisas muito negativas, a primeira o descumprimento da ordem judicial, o que já fazia prever que essa pessoa ao galgar o cargo de Presidente poderia tentar adotar uma linha ditatorial e a segunda que era uma pessoa dada a mentiras, já que sabia que ocorreria a intervenção e iriam efetuar o pagamento.

De forma correta outros governadores na época procuraram aprovar leis que limitavam os ganhos dos funcionários com salário muito altos.

Lembro-me que recém-saídos de uma ditadura militar, contra a qual se lutou por 20 anos, o povo bateu palmas para as providências tomadas ditatorialmente pelo recém-eleito presidente vindo do estado de Alagoas, esquecendo que, mesmo que fosse bom para o Brasil, era uma atitude ditatorial, e que isso não poderia ser aceito. Malediel mais uma vez interveio: você tem que ver que o povo vê os novos governantes com grande esperança, e que na ocasião, esse novo presidente era considerado um herói. Contestei: nesse ponto aprendi com meu velho avô a temer e desconfiar dos mitos e dos heróis.

As Ingerências dos Estados Unidos

Lembrei-me de uma ocasião em que li em um jornal, a forma agressiva com que o presidente americano da época se referia aos inspetores da ONU, que estavam no Iraque para tentar encontrar as alegadas armas de destruição em massa citadas por George Bush e Tony Blair, inclusive com total desrespeito com relação àquela organização, faltando dizer apenas que os referidos inspetores seriam completamente incompetentes.

Na época acompanhei, pelo jornal, as ameaças feitas pelo presidente americano de expor, por meio do General Powell no plenário da ONU, o que foi obtido pelos serviços secretos americano e inglês, provando a existência de armas letais e de destruição em massa.

Veralgor disse: isso era claramente a continuidade da Conspiração e essas provas a serem apresentadas evidentemente eram falsas.

Lembro também que passadas algumas semanas, no dia sete de fevereiro, uma sexta-feira, à noite fomos surpreendidos pela notícia de que as provas apresentadas no dia anterior, diante do plenário da ONU, era na realidade um trabalho apresentado 12 anos antes por um estudante de política internacional. O Governo de Tony Blair teve que admitir a burla. Veralgor continuou: quase não conseguia me conter de tanto rir. Naquela vez não houve nenhuma intervenção de minha parte para desmascarar essa fraude. A Conjura Internacional subestimou o resto do mundo e acabou tropeçando nas próprias pernas.

O General Colin Powell em outras pretensas provas apresentadas, também desmascaradas, afirmou que teria sido traído por outros países que teriam forjado as provas. Uma característica americana que poucos se dão conta é a falta de coragem moral para assumir seus erros.

Passado algum pouco tempo, na época, fomos novamente surpreendidos por uma notícia muito estranha, ou seja, o Chefe dos Inspetores da ONU que havia estado no Iraque e que falara não ter sido encontrada as armas de destruição em massa, tendo sido chamado de mentiroso e incompetente pelo Grande ditador disléxico, apareceu morto com a alegação de que teria praticado suicídio.

Evidentemente que isso somente foi aceito por quem não era capaz de raciocinar.

Pedofilia na Igreja

Comentei sobre uma revista de notícias semanal, na qual se lia sobre os problemas que a Igreja estava passando com relação ao abuso de crianças por parte dos padres, Roberto comentou: será que isso ocorre somente nos dias de hoje, ou isto é coisa corriqueira na história da Igreja?

Malediel procurou suavizar: na verdade a Igreja sempre primou para que seus padres fossem exemplo para todos os fiéis, punindo possíveis falhas de conduta sexual de seus membros. O que ocorre hoje é uma fragilidade nas vocações e uma chamada muito violenta para os prazeres da carne pelos meios de comunicação.

Veralgor disse: a igreja adotou após a virada do primeiro milênio o celibato para seus membros, alegando que isso estaria de acordo com a mensagem bíblica, quando na realidade nada disto existe em qualquer dos Evangelhos. O que ocorreu na realidade foi uma tentativa de impedir que seus membros venham a dividir com descendentes os bens que conseguem extorquir dos fiéis, fazendo com que o único herdeiro seja a própria Igreja. Fazendo com que os seus padres não possam se relacionar com o sexo oposto, impedindo-os de casar, a Igreja transformou sua própria casa num lugar favorável a práticas homossexuais. A questão em foco, não é a pederastia, pois como já vimos em outro capítulo, já foi uma prática comum entre os considerados pagãos, e foi a igreja quem transformou tal prática em pecado. O que é condenável, é que os padres se aproveitavam do poder de controle que possuem entre seus fiéis de nível cultural mais baixo, para transformar em prática comum o abuso sexual contra meninos principalmente.

A Igreja, por incrível que pareça, até bem pouco tempo, considerava normal que os padres se aliviassem de suas angustias sexuais aproveitando dos meninos subordinados a suas paróquias. Quando o padre não adotava a prática homossexual, mantinha concubinas com as quais tinham filhos não reconhecidos. Isso já era narrado no *Decameron* de Bocaccio, aliás, condenado no Index da Igreja até muito recentemente.

O que parecia absurdo para a cúpula da Igreja é que os fiéis denunciassem os homens santos, apenas por se utilizarem de seus filhos, quando, em seu modo de pensar, isso seria o natural. Foi preciso muita pressão ao longo do tempo, para que passasse a tirar a cobertura sobre os seus membros anormais e responder sobre seus crimes.

Somente com a perda de força por parte da Igreja e com a pressão feita pela Imprensa a partir da década de 90 do século XX é que o Papado começou a se preocupar com esse tipo de ocorrência, sendo que a maior punição imposta ao padre era o afastamento de sua paróquia. Algumas vezes o padre era levado a uma reeducação por meio de penitências, sem que este fosse levado a julgamento por seus atos.

A partir da década de 90, para evitar que o fato fosse levado a público a Igreja passou a adotar a prática de propor acordos indenizatórios.

Apenas após o início do novo século é que o Papado resolveu permitir, quando não houver possibilidade de acordo para calar o escândalo, que o seu padre seja levado a responder diante da justiça laica por seu crime.

A Arquitetura das Igrejas

Ao passar defronte à Catedral da Sé, recentemente restaurada, com seu estilo marcadamente gótico, perguntei aos meus acompanhantes: digam-me o que vocês sabem sobre o desenvolvimento da arquitetura das catedrais e qual a razão das grandes e altas torres aí encontradas?

Malediel procurou ser categórico: as catedrais góticas foram o ápice do desenvolvimento de um pensamento cristão na sua veneração ao Deus da bondade. Veralgor interveio: primeiro, existe um erro imenso quando se afirma sobre catedrais góticas. Os godos, germanos ou alemães não foram responsáveis pelo desenvolvimento desse estilo arquitetural, dessa Arte Gótica, adotada pela Igreja para suas catedrais. Na realidade por um erro etimológico, passou a ser conhecida como arte gótica quando na realidade deveria ser conhecida como argótica, **derivado do termo francês "argot", ou seja, "aquilo que tem duplo sentido ou que tem um segredo".**

Diante disso podemos concluir que o estilo das catedrais medievais foram criadas por quem detinha o segredo de um novo modo de construir, ou seja, contrariando a técnica tradicional que era a das paredes sustentando o peso do teto, isto é, de cima para baixo, passando a uma forma de estrutura mais leve com arcos e abóbadas mais ousadas, em que o peso atua dos lados para dentro e para cima.

Na realidade essa nova forma de construir foi levada para o continente pelos construtores culdeus. São Bernardo de Clairvaux foi o primeiro a aceitar esse novo modo de construir. Nessa nova forma arquitetônica havia um desenvolvimento científico do pensamento que relacionava o ser humano e o edifício utilizado para culto. Iniciados com profundos conhecimentos das forças emanadas pelos seres humanos, em estados de transes místicos ou em franco desespero, criaram um sistema arquitetônico que funciona como um condensador, puxando essas energias negativas e jogando-as para o espaço, fazendo com que os fiéis sintam uma espécie de alívio psíquico após terem estado em uma dessas construções. O principal conteúdo desse conhecimento era o de que existem energias negativas emitidas pelos seres humanos em situação de sofrimento, o segundo seria a de que tais forças são atraídas paras as partes altas e pontiagudas, o terceiro seria de que essas forças seriam dispersadas para o universo. Paralelamente a esses conhecimentos estava o da construção em si, onde inversamente ao modo anterior de construir, em que as paredes sustentavam o peso do teto de cima para baixo, enquanto na nova técnica o peso é distribuído de dentro para fora pelos arcos e a abóboda.

Nas religiões cristãs evangélicas e pentecostais, criadas para congregar o maior número possível de fiéis, sem se importar com um verdadeiro conhecimento, as igrejas estão colocadas em antigos galpões comerciais ou construções feitas sem o mínimo conhecimento da energia negativa emanadas pelas criaturas desesperadas ou que buscam solução para os mais diversos problemas que as acometem. Essas energias não sendo direcionadas para uma dispersão para o espaço servem apenas para envenenar ainda mais os seres desesperados que procuram essas igrejas. Na realidade os fundadores da maioria dessas igrejas querem apenas o domínio e a exploração financeira desses milhões de seres humanos miseráveis e sem esperanças.

Perguntei: a Igreja Católica não tem também a intenção de domínio e exploração das multidões humanas?

Malediel contestou: afirmar que a Igreja Católica tem a intenção de domínio e exploração financeira é um absurdo, já que ela foi criada pelo próprio Pedro a mando de Cristo.

Veralgor contestou rindo: essa versão de que a Igreja Católica foi criada por Pedro a mando do Cristo é ridícula e risível, mas não entraremos nessa questão. Na realidade quero falar sobre a opção da Igreja Católica pelos pobres, como se fosse uma forma santificada da nova forma de pensar da Instituição. Na realidade foi uma opção hipócrita, feita pela necessidade de sobrevivência. Até a década de 30 do século XX a Igreja Católica se apoiava nos ricos proprietários rurais e no início da industrialização nos proprietários das fábricas, e em contrapartida controlava os fiéis, porém com as alterações políticas e com a nova filosofia que permeou a sociedade, os ricos não mais necessitavam da Igreja para o controle das massas, passaram a retirar o seu apoio aos padres. Diante disso, para não perder receitas e poder a Igreja fez sua opção pelos pobres, alegando ser essa uma opção de caráter divino, quando na realidade poderia ser resumida em uma afirmação: "Mais vale ganhar uma migalha de cada miserável do que nenhum centavo de um rico". Essa opção levou inclusive a Igreja Católica a adotar uma radicalização contra o aborto, mesmo nos casos de gravidez por violação, e na luta contra o controle da natalidade, dada necessidade premente de miseráveis para a sua sobrevivência.

Voltando ao assunto da arquitetura das igrejas, Veralgor fez um comentário: os antigos mestres da maioria das religiões sabiam que uma multidão concentrada em um local, com a carga de angustia e desespero produziam uma concentração de energia negativa muito grande e que era necessário dispersá-la, portanto construíam as igrejas como se fosse um condensador com pontas dissipadoras, que eram as torres.

Hoje com a ganância das novas religiões cristãs, que pouco se preocupam com o bem-estar de seus seguidores, construindo suas igrejas como se fossem grandes galpões, influenciaram inclusive a Igreja Católica, tanto que está deixando sua arquitetura tradicional, adotando a solução das rivais, inclusive, construiu o que pode ser considerado um dos maiores templos do mundo católico (Canção Nova) em Cachoeira Paulista, interior de São Paulo, que na realidade não passa de um imenso galpão, sem nenhum recurso de dispersão de energia.

A QUESTÃO DA TERRA NO BRASIL

Malediel disse: o movimento dos Sem Terra, apoiado inclusive pela ala progressista da Igreja, é uma demonstração da capacidade de organização das classes trabalhadoras.

Veralgor afirmou: na verdade a alegação de que os trabalhadores precisam de terra para trabalhar, exigindo que seja efetuada a reforma agrária, é uma das pregações dos comunistas menos calcada na realidade.

O número de proprietários rurais que não conseguem produzir é tão grande, por falta de recursos e não por serem oportunistas esperando que as propriedades se valorizem, que não se justifica a pregação da esquerda brasileira.

Trabalho no campo existe, e existe para todos os camponeses, sendo necessária apenas uma maior fiscalização para se impedir a exploração do homem do campo pelo dono das terras, o que no Brasil é muito difícil, por má vontade de quem deveria fazê-lo.

No Brasil existem vários sistemas adotados desde o tempo colonial, podendo o camponês trabalhar para o fazendeiro como meeiro, parceiro, tarefeiro, contratado e outros, faltando apenas que isso seja incentivado e fiscalizado, e o Governo não tente explorar, como sempre faz, o gerador do trabalho.

A pregação do MST é de má-fé, ao afirmar que falta terra para o trabalhador rural, faz crer que para trabalhar na terra tenha que ser dono dela, quando isso seria o mesmo que dizer que o trabalhador no comércio para exercer seu ofício, tivesse que ser dono do comércio ou então que o trabalhador na fábrica, para poder exercer o seu ofício, tivesse que ser dono da fábrica.

Existe até uma brincadeira feita por quem tem realmente um sentido crítico da coisa, afirmando que pretende criar o Movimento Sem Comércio – MSC, já que este quer trabalhar no comércio, porém vai exigir que o Governo lhe dê um estabelecimento comercial e não só isso, mas também, lista de clientes, mercadorias, veículo para o transporte e pagasse por um período os empregados; ou então irá fundar o Movimento Sem Indústria – MSC, já que gostaria também de trabalhar na Indústria, porém deve exigir que o Governo lhe dê uma indústria, com toda a infraestrutura, matérias-primas, veículos para transporte, lista de clientes, assim como o pagamento de operários por um período.

Considero que se houvesse boa-fé por parte do MST, iria lutar para que houvesse incentivo para a formação de cooperativas de trabalhadores rurais e que se facilitasse um financiamento para essas cooperativas poderem adquirir terra e equipamentos, com um prazo de carência para o início do pagamento. Porém, um financiamento real e não dinheiro cedido a fundo perdido.

Na realidade o que hoje ocorre é uma clara formação de associação de pessoas sem nenhum caráter, ou juridicamente pode se classificar como formação de quadrilha, querendo tirar vantagem do resto da sociedade, pretendendo receber gratuitamente dinheiro e terras, sendo que estas serão vendidas tão logo sejam entregues ao interessado, e a seguir essa mesma pessoa se agrupará em outro bando e passará a reivindicar novas terras, utilizando-se o nome de sua mulher ou filhos.

O Governo, por falta de coragem moral de exercer suas obrigações constitucionais de defender o cidadão, tanto as pessoas como os bens, fica contemporizando para não ser acusado pela esquerda capciosa como reacionário.

Na verdade os integrantes do MST podem ser enquadrados em diversos artigos do Código Penal vigente, por formação de quadrilha, por periclitação de vida, por coação, por porte ilegal de armas, por invasão de propriedades, por vandalismo e pelo uso arbitrário das próprias razões. Se isso não é o suficiente para que se tomem atitudes contra esse grupo é preferível que se rasgue o Código Penal e se declare o Brasil terra sem lei, e que cada cidadão se defenda como puder.

Falei tudo isso anteriormente por conhecer pessoas que são proprietárias de terras em um estado e receberam terras e dinheiro em outro, desfazendo-se delas em seguida. Conheço também pessoas que são proprietárias de residências e comércio nas cidades, que se unem ao movimento para obterem vantagens.

Lembro-me de uma experiência feita pelo governador Franco Montoro, quando entregou a fazenda Modelo do estado para cem famílias, e ao final de dez anos apenas uma delas ainda estava lá, tendo havido desistência de todas as outras, ficando abandonadas as terras, já que não podiam ser vendidas.

Quando na década de 70 o governo militar forneceu terras em Rondônia e norte do Mato Grosso para as famílias de gaúchos e mineiros, apenas uns poucos ficaram comprando a preços vis as terras dos desistentes e hoje são os latifundiários acusados pelo MST na região.

Outro ponto é a forma de se aferir se a terra é produtiva ou não, já que pela legislação vigente a metade de toda a área de um fazendeiro é considerada reserva, a não ser que anteriormente tenha sido devastada, e se assim não o foi, não poderá ser mexida. Da metade restante, pelo menos um terço deve estar descansando, então apenas um terço do total deverá estar sendo trabalhada.

VIDAS EM OUTRO PLANETA

Organizando alguns livros, peguei uma revista mais antiga em que um texto falava sobre o avistamento de discos voadores e os comentários advindos disso. Com alguma malícia indaguei de meus companheiros o que achavam do assunto e se consideravam possível vida em outros planetas.

Malediel deu seu ponto de vista: de forma alguma, a vida foi criada por Deus somente na Terra, e após ter criado todos os seres, completou sua obra criando o homem. Após ter produzido a criatura mais perfeita que pode conceber, deu-lhe o direito de dominar sobre essa natureza.

Veralgor irritou-se: Malediel, você fala tanta coisa sem sentido, que começo a acreditar que faz isso de forma proposital para podermos ter uma discussão. Já falei anteriormente, a vida está presente em todo o Universo. A natureza atua não somente na Terra, mas em todo o Cosmo. Onde ocorrer a existência dos elementos básicos para a criação de alguma forma de vida, ela existirá. Possivelmente existirão algumas variantes entre os seres da Terra e de qualquer outro planeta, porém não em exagero, já que a Natureza é muito repetitiva, mantendo certo padrão. O número de planetas com condições de suporte de vida se contam em bilhões, e o que não é lógico, é que nessa imensidão de corpos celestes somente a terra tenha sido semeada com a vida. Quanto a afirmar que a Terra já tenha sido visitada por seres inteligentes de outro planeta, posso até acreditar que sim, porém em razão das distâncias e tempos incríveis envolvidos numa viagem, mesmo partindo dos corpos celestes mais próximos ao nosso planeta, não acredito que tenha sido muito amiúde. Todas as tradições antigas falam de visitantes estranhos e que ensinaram técnicas aos nossos homens primitivos, inclusive na literatura de povos muito antigos como no caso dos hindus, que escreveram sobre técnicas que eram desconhecidas até recentemente. Não há o porquê se negar essa possibilidade, já que a própria lógica nos afirma isso, apenas a religião judaico-cristã procura evitar que seus fiéis possam perceber a grandeza do Universo, já que essa compreensão fatalmente fará com que observem com mais cuidado o que lhes é ensinado e isso pode mudar sua concepção de Deus.

O mais certo é que neguem veementemente a possibilidade de que existam civilizações extraterrestres, já que a humanidade passará a por em cheque as alegadas palavras divinas que lhes são transmitidas pelos mestres da religião.

Malediel atacou Veralgor: isso é uma superstição ridícula, Veralgor, crer em homens extraterrestres é o mesmo que acreditar em todas as personagens que assombram o imaginário popular. Temos que prestar mais atenção às palavras divinas que nos foram deixadas nos livros santos.

O Tempo

Estavam os três conversando sobre a percepção do tempo para os diversos povos, ainda nos dias de hoje, tendo Veralgor assim se explanado: desde a antiguidade, os povos semíticos, judeus, árabes e caldeus, possuíam apenas o calendário lunar, enquanto os egípcios, fenícios e gregos possuíam o calendário solar. Os hindus possuíam o calendário lunar e o solar, sendo regidos pelo segundo. Os celtas, ou antigo povo Europeu, possuíam tanto calendário solar como o lunar, sendo regidos pelo primeiro e utilizando o segundo para ritos e as plantações. Nas Américas, os povos maia e inca possuíam o calendário solar, o lunar e o venusiano, sendo regidos pelo primeiro, embora possuíssem um sistema para conjugar os três calendários. Não me perguntem qual a utilidade deste último.

A percepção do tempo para os diversos povos era diferente, para uns o tempo é linear e para outros é circular, voltando sempre a um mesmo ponto em diferente variável.

Os judeus possuem uma percepção de tempo linear, isto é, sempre composto de passado, presente e futuro, razão pela qual efetuam seus registros sempre nessa ordem. Sua concepção de história seguirá essa linha de raciocínio, o que os leva a tentarem atingir uma meta, não importando o que ocorra aos outros povos.

Os egípcios, os gregos e os fenícios possuíam também a concepção do tempo linear como os judeus.

Os hindus e os celtas possuem uma percepção de que o tempo se move circularmente, alargando-se progressivamente ao longo de seu movimento, e fatalmente alguns pontos do tempo se tocarão novamente, apenas com nova roupagem.

Os maias e incas possuíam a concepção de que o tempo se move circularmente ao longo de uma linha reta, o que faz com que existam ciclos que retornam.

A concepção de tempo circular faz com que os povos que o adotam se preocupem com os outros povos, já que sendo a história cíclica, poderão amargar no futuro o que fizeram no passado.

Na realidade esses povos possuem apenas passado e futuro, já que em sua concepção, ao chegar o presente este já é passado. O seu presente é apenas um instante, que nem chegou já se foi, e esse momento só pode estar situado num ponto do passado ou do futuro, já que sendo cíclico poderá retornar.

Malediel asseverou: tal concepção de tempo, cíclico, está totalmente em desacordo com a realidade clara e visível.

Indaguei: nesse ponto Malediel, eu lhe pergunto, o que é realidade?

Malediel continuou: vou responder da forma mais simples possível. Realidade é o que se pode perceber a olhos vistos. O que se pode perceber, por exemplo, na questão do tempo, é que o que passou, passou e não mais retorna. O que está no passado se sabe o que foi, o presente estamos vivendo e não sabemos como terminará, e o futuro não temos condições de prever.

Veralgor disse: aí está o interessante dos fatos, a realidade também é relativa. Nada é o que parece ser.

Se analisarmos a história dos povos, veremos o quão cíclico é o tempo, sendo que os fatos retornam, embora com roupagem nova.

Tomemos como base a Bíblia, um livro de registros dos judeus ao longo de um tempo e utilizemos como sua continuação a história corrente. Não existe nada mais cíclico do que a história desse povo, embora este não se utilize da concepção circular.

Ao longo de sua história, eliminando-se as fantasias com que esse povo enfeita a Bíblia, vemos que vive momentos de calmaria, com progresso, aí se torna vaidoso e agressivo, passando a ser perseguido e humilhado, em razão de suas atitudes. Novamente vive momentos de liberdade, calmaria e progresso, tornando-se novamente vaidoso e agressivo, em que é novamente atacado, perseguido e humilhado. Na atualidade temos novamente o mesmo fato, após ter sido perseguido e humilhado, viveu momentos de calmaria e progresso, porém tornou-se vaidoso e agressivo, e fatalmente será novamente perseguido e humilhado.

Como não possui uma concepção cíclica do tempo e da história, não consegue compreender os fatos, vindo a cair fatalmente nos mesmos pontos do tempo.

Caminhando pelo centro de São Paulo, comecei a indagar aos meus dois companheiros sobre algumas contradições históricas, e iniciei perguntando: meus amigos, como podem classificar afirmações históricas que analisadas friamente não se enquadram dentro da lógica, tanto as apontadas como ocorridas na antiguidade como nos dias de hoje?

Malediel afirmou: Roberto, todas as informações constantes nos registros antigos, na Bíblia, ou nas notícias dos últimos dias, são trabalhadas para que possam ser aceitas facilmente pela humanidade, normalmente beneficiando quem a transmite, mas sempre calcada na verdade, usando-se menos ou mais efeitos pictóricos, dando um ar heroico ao que de outra forma não chamaria a atenção das pessoas comuns.

Veralgor afirmou: na realidade existem duas verdades, a de quem narra e dos que são citados nas narrativas. Infelizmente normalmente apenas um dos lados consegue transmitir a sua mensagem. Costumeiramente apenas a parte que está dominando a situação, como no caso das guerras, pode se manifestar, fazendo-o sempre menosprezando o outro lado e enaltecendo os seus feitos. Vamos começar analisando alguns registros, tanto antigos como modernos, para ver o que obtemos. Cite o primeiro que você recorda, Roberto.

Retruquei: a passagem dos judeus pelo Mar Vermelho, com a destruição do exercito do faraó, o que você me diz?

Veralgor falou: evidentemente que os judeus se aproveitaram de uma preamar para atravessar o Mar Vermelho, assim como fizeram as tropas de Napoleão quando estiveram no Egito, e a parte que fala sobre a destruição do exército do faraó é uma licença histórica por parte dos narradores hebreus para enaltecer sua qualidade de protegidos de seu Deus. Se isso tivesse sido verdadeiro os escribas egípcios teriam registrado, o que não fizeram, embora os egípcios fossem menos verbalistas e muito mais metódicos do que os judeus. Perguntei novamente: e quanto a Moisés ter estado no alto do monte, onde Deus lhe teria dado pedras gravadas com os Dez Mandamentos?

Veralgor riu: é claro que isto foi um embelezamento do fato, já que se Moisés houvesse dito que tais leis haviam sido de sua lavra, não teriam aceitado como o fizeram. Está claro que a alegação que Deus teria aparecido numa sarça ardente (arbusto que cresceu, provavelmente, próximo a fendas no solo que liberavam gás natural, abundante na região, para a superfície e um embelezamento do fato. O calor intenso permitiria a combustão do gás ao redor do arbusto, que apenas parecia queimar) serviu para justificar algum fogo que houvesse sido visto no alto da montanha pelos membros da tribo. Inclusive muitas outras leis ditadas por Moisés, e que analisadas friamente tem um caráter puramente higiênico, foram declaradas como vindas diretamente de Deus para que tivessem aceitação imediata. O interessante é que sempre que Deus aparecia a Moisés, este se encontrava completamente só.

Indaguei: o que você pode dizer sobre a aparição de Jesus para o apóstolo Paulo na estrada de Damasco, fazendo com que se convertesse?

Veralgor afirmou: Saulo era judeu helenizado, cidadão romano, pessoa que se indispôs com os próprios romanos e odiado pelos judeus, ficando em certo ponto de sua vida numa situação insustentável. Diante dessa situação, aproveitando-se da total ignorância de seus conterrâneos, apelou para a alegada aparição de Jesus na estrada de Damasco, fazendo com que cressem que havia ficado virtualmente cego por algum tempo, alegando que a aparição o incitara a se converter orientando-o a que mudasse de nome. Veja a utilidade dos fatos, para poder ser aceito tranquilamente por seus conterrâneos alegou uma visão mística, o que naturalmente foi considerada verdadeira, numa época em que isso era tido como comum. A mudança de nome serviu para despiste diante das autoridades romanas.

Lembrei-me de outro fato e indaguei: por acaso a aparição ocorrida com o Imperador Constantino teria alguma semelhança com isso?

Veralgor atestou: no caso de Constantino ocorreu fato semelhante, apenas que tal versão foi apresentada pela Igreja Cristã após sua morte, para justificar a sua escolha em adotar a fé cristã. Na realidade Constantino precisava de alguma coisa para unir o Império Romano que se encontrava profundamente abalado, e tendo considerado que o ideal era declarar uma religião de estado, tendo ficado indeciso entre o Mitraísmo, este trazido da Pérsia por suas tropas, e o cristianismo que atingira a massa a partir da pregação incansável dos ideólogos judeus. Como o Mitraísmo, embora muito semelhante ao cristianismo, apresentasse algumas características de exigência para aceitar os fiéis, enquanto o cristianismo não exigia nenhuma iniciação, terminou optando por essa fé. Na realidade o próprio Constantino não aceitou para si o cristianismo, tendo os padres cristãos efetuado o batismo e a extrema-unção ao mesmo tempo. A seguir alegaram que a escolha se deveu à visão tida por Constantino, quando viu o sinal da cruz nos céus, quando se encaminhava para uma batalha, tendo aparecido os dizeres "In hoc signo vincit", ou seja, "Com este signo vencerás", com a clara intenção de justificar e fortalecer a escolha. Dessa mesma matriz partiu também a falsificação de um alegado testamento de Constantino, o qual teria doado as terras para a formação do estado da Igreja, e que somente foi desmascarado no século XVIII.

Interessado, perguntei: existe algo que me chama a atenção. E quanto às relíquias guardadas pela Igreja, o que me diz?

Veralgor continuou: é interessante, no Concílio de Nicéia realizado em 325 d.C., foram resolvidos vários assuntos, sendo um deles a divindade de Jesus Cristo, que até aquela data era considerado como iluminado pelo Espírito Divino, passando a ser considerado como consubstancial com o próprio Deus, isto é, seria o próprio Deus encarnado. O segundo foi a alteração dos Mandamentos divinos, alterando-os onde proibia a adoração de imagens e símbolos. Daí surgiu a veneração pelas relíquias, sendo que a Igreja passou a ser a maior fabricante de tais peças de veneração. Somente de partes da cruz surgidas a partir daí poderiam fazer uma cerca para fechar o Vaticano. De pseudopedaços do manto de Jesus poderiam fazer roupa para todos os pobres da Itália. Quanto a pedaços de ossos, alguns santos teriam inúmeras mãos e outros seriam monstros de inúmeras cabeças, tantas são as peças apresentadas. Existem cadáveres de santos que se apresentam como verdadeiros, e que teriam sido mantidos incorruptos após centenas de anos, que a Igreja não permite que se abram os caixões de cristal para estudo, que não passam de falsificações feitas em parafina ou louça. O escritor e filósofo Umberto Eco em um dos seus últimos livros criou até situações cômicas com seu personagem Baudolino, quando o coloca a produzir relíquias. Um dos grandes crimes da Igreja, que podem colocá-la entre as grandes organizações de falsários do mundo estão na produção de falsos documentos (evangelhos) e das relíquias, todos com a intenção de enganar e obter poder e lucro.

Continuei a perguntar: você não vai negar a existência de inúmeros túmulos sagrados? Veralgor riu com gosto: isso soa como uma boa piada. Isso é uma continuidade dos hábitos religiosos semitas, já que há milênios cultuam os túmulos de Adão, outros de Eva, outros de Abraão, outros de

Sara, outros de Moisés, e após o surgimento do cristianismo, túmulos de Jesus, outros de Maria Madalena, menos o de Maria Mãe de Jesus (evitando-se assim, alguma especulação quanto à sua virgindade) e alguns de todos os apóstolos. O interessante é que esses túmulos estão nos locais mais diversos do Oriente médio, e inclusive alguns são indicados como estando na França, outros na Espanha e alguns na Inglaterra, vários túmulos de um mesmo personagem. Evidentemente que todos eles são meros cenotáfios, isto é, representações de túmulos.

Indaguei: e qual a razão principal dessa veneração por relíquias e túmulos?

O demônio falava com gosto: isso se deve às origens do próprio cristianismo, calcada na magia negra ou de sangue. Tudo no Cristianismo está preso ao martírio, ao sofrimento, ao sangue e à carne violentada. Todas essas peças se transformam em "voults" ou condensadores que guardam as energias emanadas pelos fiéis em sua histeria, e que são utilizadas por quem conhece esse segredo dentro da Igreja.

Continuei a perguntar: como eram escolhidos os locais para a construção das igrejas e catedrais cristãs?

Veralgor falava com prazer: como o cristianismo agiu desde o início com a intenção de apagar toda e qualquer manifestação religiosa ou cultural anterior, utilizando-se do poder do imperador de Roma e posteriormente utilizando-se de reis obedientes, dada a sua pouca condição cultural, utilizando para obter essa obediência do poder que os anátemas têm sobre os pobres de espírito, destruiu todos os locais considerados sagrados pelos antigos, deturpando-os e construindo suas igrejas sobre eles. Nenhuma das igrejas mais antigas e importantes da Europa teve o seu local de implantação escolhido pelos próprios padres, sempre era um local sagrado dos druidas.

Interessante que uma religião que nunca respeitou as outras anteriores, exigiu e conseguiu que a sua fosse respeitada, e qualquer manifestação contra ela é considerada até hoje como desrespeito à fé alheia.

Curioso, perguntei: e quanto às Virgens Negras existentes em diversas Igrejas do mundo, inclusive no Brasil?

Veralgor completou: esse é outro caso de usurpação feita pela Igreja, já que todas essas imagens negras eram a representação da Deusa Mãe ou Deméter, feita pelas religiões mais antigas. Vejam que todas elas são consideradas virgens e são vestidas com um manto azul com estrelas. Imaginem o planeta terra e verão que é coberto por um manto azul escuro com estrelas.

Onde os Celtas entraram, inclusive nas Américas, representados pelos galegos que compunham os exércitos espanhóis, no México, no Peru e Colômbia, existem os cultos às Virgens Negras.

No Brasil, no vale do Paraíba, região colonizada pelos galegos, principalmente a grande família Bueno, foi encontrada por pescadores no século XVII, na região onde hoje está localizada a cidade de Aparecida do Norte, uma estátua de uma virgem negra com o pescoço quebrado, que veio presa à rede, e num segundo lance teriam retirado a cabeça, sendo que as partes teriam "milagrosamente" ficado coladas quando colocaram uma sobre a outra. A Igreja Católica, vendo a devoção popular pela imagem, hipocritamente a adotou, mesmo sabendo que não se tratava de uma imagem cristã. De forma mais hipócrita ainda, numa manifestação feita pela televisão, um dos bispos católicos afirmou que a imagem era negra como uma forma de Deus mostrar que não deveria haver racismo, como uma homenagem aos negros.

O instinto natural de Rebanho

O que faz com que um agrupamento de pessoas se fixe em regiões demarcadas, passando todos a falarem a mesma língua, tendo aproximadamente os mesmos hábitos, embora, muitas vezes estejam mais próximas da linha divisória de outro povo que possuem hábitos e línguas diferentes?

Malediel foi muito poético: isso é causado por uma fé comum, na crença de um Deus que protege a sua Nação, os seus costumes e sua língua.

Veralgor foi duro: agora você exagerou na hipocrisia, Malediel, você sabe que não é nada disso. Os seres humanos se agrupam, por um instinto de rebanho, criando um pensar como bando, com mesma língua, mesmos hábitos, geralmente os mesmos sentimentos. Quando a área ocupada é muito grande existem diferenças entre as diversas regiões, numa gradação que vai se distanciando a partir de um centro de atração. São formados vários núcleos, sendo que ao redor destes as pessoas tem hábitos semelhantes, que muito lembram o que existe no centro de atração, porém com conotações locais, o mesmo ocorrendo com a língua e com a alimentação.

Quando, como no caso do Brasil, a massa humana que ocupa toda a terra é composta por miscigenação, formam-se bolsões com as raças que conseguiram preservar o maior número possível de informações genéticas de um povo, e no geral a ocupação é feita pelos mestiços. Não se criam etnias, porém são fixados hábitos locais que se diferenciam dos outros. No geral existe uma psicologia comum em todas as direções da ocupação, com variações imperceptíveis numa vista geral, dando a certeza que esse povo forma uma Nação.

****

As mentiras apresentadas na história ou nas informações passadas pelos meios de comunicação, no dia a dia, são todas calcadas na verdade, adulteradas de acordo com os interesses existentes nos bastidores. As verdades muitas vezes são tão cruas que se tornam difíceis de serem aceitas normalmente pelo homem comum.

Normalmente as mentiras trabalhadas são mais palatáveis do que as verdades nuas e cruas. Uma mentira bem trabalhada e com bons enfeites, repetida um milhão de vezes, passa a ter um valor maior do que uma verdade sem retoques.

Malediel interveio: vamos dar um exemplo de verdade que todos sabem. É o caso de que o homem moderno quer sua alimentação, encontrando-a bem colocada nas gôndolas dos supermercados, bem acondicionadas. As carnes muito bonitas colocadas nas vitrinas refrigeradas. Os ovos bem distribuídos em suas caixas e bandejas.

Todo cidadão quer ter um atendimento de saúde num hospital onde seja bem atendido. Qualquer homem ou mulher quer poder se sentir seguro.

Mas quem quer saber o que existe por trás de tudo isso. Todos preferem considerar que nos supermercados estão produtos inspecionados por órgãos do governo, que nos hospitais serão atendidos por médicos verdadeiros, que possuem um diploma de uma escola aprovada pelo Ministério da Educação e que foram bem selecionados para trabalharem naquele estabelecimento, e no tocante à sua segurança estão bem guardados por uma polícia bem equipada, com os melhores veículos e bom armamento, sendo pessoas escolhidas e com boa educação e sentido de cumprimento do dever. Para quê irei falar sobre o que está por trás de tudo isso.

Este é o meu dever, mostrar ao ser humano apenas o lado mais agradável da verdade. Quando posso fazer isso apenas pela omissão eu o faço. Quando não é possível, altero ou adultero a verdade.

Por que iria eu dizer para qualquer pessoa que pode morrer instantaneamente, apenas por que um louco, do outro lado do mundo ou mesmo no nosso lado, resolveu apertar um botão. Que ao ser atendido num hospital pode morrer em razão de tomar um remédio errado ou então contaminar-se de modo fatal por uma infecção hospitalar. Ou então pode morrer por ter comprado um alimento contaminado no supermercado.

Por que razão irei dizer ao homem ou à mulher, que não somente sexualmente poderá ser contaminado pela Aids se não tomar cuidado, mas que também poderá ocorrer tal contágio ao receber uma doação de sangue.

Por que vou dizer sobre os riscos de ser assistente assíduo da televisão, em razão das práticas subliminares no controle mental, da radiação a que se expõe diante do aparelho e que pode levá-lo à cegueira e ao câncer. Isso seria criar o caos, para uma coisa que pode vir ou não acontecer, dependendo da resistência orgânica ou mental de cada um. Muito melhor que as pessoas fiquem completamente acomodadas com seus programas televisivos, sem desconfiar de nada, pois assim estarão perfeitamente controladas.

Por qual razão irei mostrar às pessoas que na realidade estão sendo manobradas no seu dia a dia, na sua educação, para que não percebam nada do que realmente ocorre e que todos terão no futuro de se curvarem a quem durante milênios somente pensou em controlá-los. E quando isso ocorrer, continuarão sem perceber já que desde que nascem são meticulosamente induzidos a crerem que são livres e que podem fazer o que quiserem. Se eu lhes mostrar isto, como você quer fazer Veralgor, não irão crer em mim, rirão como retardados da possibilidade da existência de uma conspiração, e gabar-se-ão de que ninguém poderá controlá-los até esse ponto. Isso é a humanidade. Piegas, desconhecendo toda a realidade e felizes por nada saberem, e com a certeza de que irão para o Paraíso ou outra recompensa, que sua religião, qualquer que seja, promete-lhes.

Veralgor tristemente concordou: nesse ponto sou obrigado a concordar com você, Malediel, já percebi que na realidade meu destino é falar aos ventos do deserto, ficando feliz quando alguma pedra pode me ouvir, mas sabendo que de nada adiantará a minha sina de apresentar a verdade. Nesse ponto você é muito mais feliz.

No estágio em que a humanidade se encontra, poucos desejam saber que não adianta berrar ao universo as suas mazelas, já que este entenderá que o seu grito de angustia é para receber mais do mesmo. Que adianta tentar explicar que Deus já está no homem e que as religiões foram feitas com a intenção de controle mental colocando Deus fora do homem, para obrigá-lo a buscar na religião, de forma dominadora e em alguns casos até com exploração financeira, o Deus que já é nosso.

Sei que cada ser humano quer realmente encontrar a sua alimentação bem acondicionada na prateleira do seu supermercado, e pouco estão preocupados com relação ao sofrimento e desespero que muitas vezes estão atrás daquele produto. Do suor que muitas vezes está atrás dos grãos que consome, das lutas pela terra que envolvem certo produto.

Que interessa para a humanidade que consome enormes quantidades de carne, que atrás daquelas peças limpas e bonitas estão todo o sofrimento de milhares e milhares de animais, a brutalidade com que são tratados, a sujeira que resta de seus corpos. Os gritos emitidos quando são abatidos. A ninguém interessa nada disso.

Sei que todos desprezam o ofício do carniceiro, considerando sua função como abjeta, já que ninguém quer fazer esse serviço sujo, interessando-se apenas em encontrar no supermercado de sua preferência as carnes limpas, frescas e prontas para o consumo.

A quem interessaria saber dos métodos utilizados para a obtenção dos ovos bonitos e colocados nas bandejas. O que interessa aos seres humanos que as galinhas fiquem colocadas numa gaiola em que não se podem mexer, ficando sempre na mesma posição, comendo e defecando, sem poderem ter descanso, com uma iluminação controlada para que acreditem que o dia na realidade não tem 24 horas, sendo reduzido seu dia biológico para que produzam mais, sendo retiradas daquele local apenas quando morrem. Sei que a humanidade não quer saber o que ocorre nos hospitais, onde a limpeza é apenas aparente, com imundícies escondidas a cada canto. Os médicos mal preparados, mal sabendo o que estão fazendo, necessitando dos resultados obtidos em exames feitos por máquinas operadas por outros igualmente com pouco preparo e que seguem manuais para poderem dar os resultados. Qual o interesse para os seres humanos de que os médicos não o são por vocação, mas apenas por ser uma profissão que traz algum respeito e após algum tempo é bem remunerada, e o pior de tudo é que no atendimento diário o profissional tem nojo de tocar em quem está examinando.

Sei que na realidade ninguém quer saber que a televisão se utiliza de métodos subliminares para controle e indução, embora tais técnicas sejam formalmente proibidas, sendo apenas importante que os programas exibidos distraem e fazem com que o tempo passe.

Sei que minha sina em abrir a verdade é triste, pois a humanidade quer se sentir bem, mesmo que seja a preço de não ter conhecimento algum.

Concordo com você, Malediel, na realidade é mais fácil mentir ou omitir sobre a verdade, fazendo com que todos sejam felizes e não vejam o que existe bem embaixo de seus narizes. Tenho consciência de que mesmo que eu cumpra meu destino, tentando fazer com que pelo menos alguns busquem o conhecimento, você continuará tendo mais sucesso com sua empreitada, contando as suas alterações da realidade, enfeitando a verdade e contando mentiras. Assim foram criadas as grandes religiões e grande parte da história, com mentiras bem enfeitadas, repetidas séculos e séculos a fio, sendo que todos aqueles que tentaram desmascarar o que havia por trás de todas elas foi desacreditado ou eliminado. É muito mais fácil para a humanidade manter sua mente inerte cheia de paradigmas que os controlam do que buscar sua verdade.

Algumas verdades históricas e outras científicas foram apresentadas há mais de dois mil anos, passando a ser aceitas apenas a partir de meados do século XX, tomando como exemplo o caso da constituição da matéria, que os sábios gregos já afirmavam ser composta por corpúsculos, hoje chamados átomos.

Vejam o caso do cristianismo, foi criado sobre uma falsidade, porém, hoje, diante dos efeitos gerados durante dois mil anos, a demonstração dessa mentira não irá alterar em nada o contexto, já que a humanidade irá necessitar quase o mesmo tempo para sanar os danos morais, psicológicos e filosóficos causados durante esses dois mil anos.

Os principais danos causados por essa mentira, a deturpação moral, a escravidão mental e a dependência cultural ao judaísmo, dificilmente poderão ser apagados.

CORRUPÇÃO NO BRASIL

Perguntei: falando em mentiras, lembrei-me da corrupção. O que podem me dizer sobre ela?

Malediel fez sua pregação de caráter piegas e religioso: a corrupção é um dos males desta época sem fé, onde as pessoas perderam o sentido de religião e família.

Veralgor irritou-se: primeiro que isso nada tem a ver com religião ou família, e sim com honra, dignidade e ética. Nas épocas em que ocorreu o maior índice de religiosidade, também ocorriam os maiores números sobre corrupção. Ouvimos todos os dias a imprensa batendo na questão da corrupção no Brasil, em razão de seu povo totalmente sem educação e cultura, e que são mantidos na ignorância, já que isso interessa aos que mandam. O ridículo de tudo é que a imprensa corrupta denuncia a corrupção. Quando se fala em corrupção sempre se pensa no envolvimento de empresários com muito dinheiro, políticos, policiais ou fiscais com dinheiro, porém não se é corrupto apenas por ganância financeira. Pode ocorrer corrupção por dinheiro, amor, sexo, ódio, medo, amizade, fama, orgulho, poder, racismo, preconceito, omissão, ação, traição e ideologia. É corrupto todo aquele que deixa de cumprir o seu dever, favorecendo alguém ou a si próprio, ou exercendo seu mister o faça prejudicando alguém em favor de outro ou de si próprio, por qualquer das razões anteriormente apontadas. Temos que considerar todas essas variantes quando falamos de corrupção, e todas elas são comuns no Brasil. Por nossos hábitos de pensar, somente consideramos como corruptos os que se envolvem com dinheiro, quando as outras variantes são tão daninhas como a primeira. A corrupção entre os povos descendentes de povos oprimidos é muito maior do que entre os povos menos miscigenados, e isso não é uma afirmação preconceituosa, é mera constatação. Tomemos por exemplo um fato ocorrido no Brasil na década de 90, quando um presidente cheio de cores estava sendo acusado por uma série de irregularidades, ia à televisão gritar que estava sendo vítima de perseguição, enquanto no outro lado do mundo, no Japão, um ministro japonês acusado pelas mesmas faltas, matou-se diante das câmeras de televisão, e o mesmo ocorreu na Itália, quando um mafioso ligado ao crime há quase 40 anos, tendo sido desmascarado, sentiu-se tão envergonhado, vindo a matar-se também diante da televisão. Ocorre que corrupção existe em todo o mundo, porém entre alguns povos quando um cidadão é desmascarado como corrupto, sua vergonha é tão grande, sente-se tão desonrado, que não consegue mais suportar viver. No nosso caso não, nossos corruptos gritam sua inocência aos quatro cantos, como se não fossem criminosos e sim vítimas de perseguição. Tivemos recentemente, no início da campanha eleitoral, uma candidata que comprovadamente envolvida em "maracutaias", ao serem encontradas provas contra ela e o marido, saiu pela imprensa falada e escrita afirmando que a investigação contra ela era um jogo do governo para desestabilizar sua candidatura.

Em nosso país temos um hábito terrível, onde leis são feitas com a intenção de lesar o povo, favorecendo uma arrecadação espúria por parte de todos os níveis de governo.

Outras induzem o cidadão a burlar para poder sobreviver, fazendo com que este esteja em falta e não possa agir contra o governo em outra esfera, como é o caso dos impostos colocados de forma desastrosa pelos governos estaduais e o federal.

Temos como tradição dos nossos legisladores criar uma série de dificuldades, para que estas possam gerar lucros futuros com a concessão de facilidades. E isso ocorre em todos os níveis. A imprensa faz pressão para obter vantagens na forma de concessões ou então patrocínios. A imprensa pode agir ou se omitir, ganhando nos dois casos, dependendo da situação. Criou-se uma mentalidade de se obter vantagem de qualquer forma, não se cuidando da questão da ética, dando origem à famosa "lei de Gerson", como ficou conhecida essa compulsão de levar vantagem em tudo, após um famoso comercial de cigarros da década de 70.

As leis brasileiras

Conversando sobre as leis brasileiras, numa troca de impressões que surgiu em razão da má-fé explícita no Código Nacional de Trânsito, no qual o fundamental é a extorsão feita pelo estado contra o cidadão, com alegação de que o sistema de multas abusivas e aplicadas, sem que o cidadão possa se defender quando erroneamente aplicadas, é feita com fins educativos, trouxe alguns comentários da parte de Roberto. O Código permite que pessoas totalmente desqualificadas, contratadas para agirem com o máximo de má-fé, anotando perfidamente as placas dos veículos para fazerem o lançamento posterior, cumprindo um sistema de cotas, onde os aplicadores das multas são premiados com dinheiro e dias de folga, não possam ser fiscalizadas pelos cidadãos, impotentes diante de tal fato.

Veralgor me diga qual a razão que faz com que nosso país tenha um sistema de leis que embutem a má-fé, não somente nesse caso do trânsito, como nas questões trabalhistas, nos impostos, no sistema de leis que não são claras, podendo ser livremente interpretadas, na aplicação de leis que não tem caráter objetivo e sim subjetivo, aplicando punição ao cidadão antes que este venha a efetuar realmente um ato lesivo?

Veralgor após pensar muito começou: temos uma conjunção no Brasil entre uma tradição de burocracia entravante vinda da colonização portuguesa e outra derivada da herança cultural da grande maioria descendente de duas raças dominadas, que tem uma tara congênita por criar leis inúteis e travantes. Sentem um desejo incontido de criar limitadores para a liberdade dos cidadãos.

Existe uma tendência a criarem leis que obriguem os cidadãos a minudências, com leis detalhistas e não gerais.

Não existe no Brasil um direito objetivo e sim sujeito a interpretações. Nosso direito não é objetivo e sim presuntivo e interpretativo.

Não se pune o cidadão pelo ato lesivo real que venha a praticar, mas sim se presume que vá praticar, portanto deve ser impedido, e para tanto se criam inúmeras regras e controles, evidentemente trazendo vantagens econômicas para o poder público, que se refestela em multas e taxas.

O interessante é que praticando realmente um ato lesivo, o cidadão termina por não ser punido pela incompetência e morosidade do judiciário.

Um exemplo típico da má-fé e arrogância dos que se arvoram no direito de criar leis foi a que invertia o direito do cidadão reger seu próprio ser, colocando que todos seriam doadores de órgãos, desde que não registrassem que não queriam ser doadores.

Outro exemplo de má-fé foi o apresentado no Código Nacional de Trânsito, quando o cidadão é penalizado duas vezes pela mesma inflação, uma pela multa apresentada, geralmente em valores escorchantes, com a alegação de que isso serve para educar o motorista, e outra por ser aplicada uma pontuação que ficará registrada em seu prontuário, o que poderá levá-lo à perda de sua permissão para dirigir.

Logicamente isso seria válido para o trânsito de qualquer cidade pequena do nordeste, mas não para um trânsito caótico como de São Paulo ou Rio de Janeiro, ainda mais que não existe seriedade na aplicação das multas, quando o encarregado de aplicá-las será premiado em dinheiro quanto mais multas lançar.

Outro exemplo da má-fé que rege as relações entre o poder público e os cidadãos é o caso dos impostos.

Os impostos são colocados em cadeia, uns sobre os outros, formando uma bola de neve que impossibilita o cidadão de cumprir realmente essas obrigações, pois isso fatalmente o levaria à bancarrota, tanto em sua vida pessoal como empresarial. Não cumprindo suas obrigações o cidadão torna-se um criminoso por sonegação, o que o impede de procurar a justiça para tentar uma inconstitucionalidade para o tratamento que lhe é dado com relação aos impostos.

Além de tudo, esse sistema de impostos é criminoso, já que empobrece o cidadão e faz com que as empresas não possam expandir sua produção e ao mesmo tempo não podem empregar.

É principalmente o caso do imposto de renda, com suas faixas diferenciadas, com diferentes percentuais para a aplicação do imposto, dependendo da lucratividade da empresa ou ganhos pessoais do cidadão. Isso é tratamento diferenciado o que não é permitido pela Constituição.

Ocorre que nossa Constituição, que se pretendia ser uma das mais modernas do mundo, já nasceu com o defeito da prolixidade, isto é, entrar demasiado em detalhes, perdendo a generalidade, o que facilita que seja deturpada, mal interpretada ou excessivamente interpretada, entrando em falhas terríveis, que ao invés de suprir as necessidades dos cidadãos, os deixam sem nenhuma base de apoio.

Muita coisa poderia mudar se os cidadãos tivessem o hábito de recorrer à justiça toda a vez que for agredido, roubado, tanto em sua residência como na rua, já que pela constituição o Estado é obrigado a prover o cidadão quanto à sua segurança e à guarda da propriedade privada. Outro caso é o referente à saúde e à educação, se todos que necessitarem e não obtiverem do Estado essas obrigações, deveriam recorrer à justiça, exigindo indenização pelos danos diretos causados pela omissão do Estado, assim como os danos indiretos e sequelas decorrentes.

Se todos os cidadãos entrassem com uma ação indenizatória contra o Governo, criando um caos na justiça, em pouquíssimo tempo a situação se alteraria.

Ainda as ingerências dos Estados Unidos

O que vocês podem me falar sobre o que ocorreu em março de 2003 que teve repercussão mundial?

Malediel manifestou-se: como predestinados a defender o mundo civilizado, os Estados Unidos se viram na obrigação de atacar o Iraque, que representava um risco mundial, com a mentalidade doentia de seu ditador. Inclusive está na Bíblia que do Oriente viria o grande dragão que iria trazer a grande desgraça para a humanidade.

Veralgor contrapôs: primeiro que tal previsão não está na Bíblia, em segundo, tudo que se diz desse livro é altamente suspeito, pois pode ser interpretado como se queira.

Na realidade o que tínhamos é que não importasse o que o Iraque o fizesse, seria atacado, não importava se os Estados Unidos teriam ou não o apoio das outras nações, não importava se a ONU não autorizasse a guerra.

Temos que lembrar que as decisões da ONU, até os dias de hoje, são acatadas pelos Estados Unidos e Israel somente quando lhes interessa, enquanto nenhum outro país pode se negar a aceitar tais decisões, mesmo quando se tratam de ingerência plena no destino desse país. Nesse caso a guerra já estava decidida de há muito tempo, já que ela era necessária aos Estados Unidos, isso na pessoa do então presidente e da CIA, já que sem ela o presidente não conseguiria concluir o seu mandato espúrio, obtido a partir da fraude, e no tocante à CIA, somente poderia sobreviver enquanto houvesse clima de terror e medo internamente no país norte americano.

Quanto ao Iraque, estava predestinado a ser alvo dessa guerra, por várias razões. Primeiro que já não era mais útil como comprador de armamentos dos Estados Unidos, sendo necessário que se destruísse o seu armamento para que num futuro próximo pudesse voltar a comprar, e muito, quando fosse colocado algum governo títere, substituindo o atual ditador. O que naturalmente aconteceu.

Em segundo, o disléxico governante americano havia decidido vingar-se da afronta sofrida pelo "papai Bush", quando este foi ameaçado de morte pelo ditador iraquiano.

Em terceiro, mesmo não sendo uma pessoa confiável, o ditador iraquiano tomou a defesa da criação de um estado palestino, mesmo que tenha sido para parecer aos olhos dos muçulmanos como um campeão dos interesses dos árabes, e isso para os israelenses soou como uma afronta e um risco aos seus interesses hegemônicos na região.

Em quarto, o petróleo que representava um atrativo muito grande para qualquer bandoleiro em nível global, principalmente aos olhos do proprietário de uma empresa petrolífera quase na bancarrota, como era o caso do "Caminhante" que estava no governo do império.

Tinha ainda o interesse por parte de Israel de criar uma situação de desgaste para o grande bandoleiro global, já que a dependência do dólar estava se tornando insuportável para os internacionalistas, que pretendiam substituí-lo brevemente pelo Euro, como aconteceu, muito mais respeitável e menos fraudado do que a moeda internacional utilizada naquele momento.

Induzindo o grande caminhante disléxico a um ato inglório, tornando-se o grande assaltante mundial, e, portanto fora da lei, já que o ataque feito a um país sem condições de defesa, sem ter havido nenhuma ameaça contra os Estados Unidos, como foi o caso do Iraque, com seus bilhões de dólares em armamentos já ultrapassados, foi apenas um ato de arrogância e desumanidade, levou o estado norte americano a uma situação de ser considerado como um risco para as demais nações e não mais um guardião da paz mundial. Essa situação fatalmente levou a um desgaste e uma desconfiança quanto aos verdadeiros intentos daquele país norte americano.

Quando terminou a guerra, declarada de forma ilegal pelos Estados Unidos, sem ter havido nenhuma razão real para isso, sem que suas falsas alegações tivessem sido aceitas pela ONU que legalizaria o ataque, os Estados Unidos estavam sujeitos a todas as pressões internacionais para que viesse a ser penalizado pelos crimes de guerra, além das indenizações que teriam que pagar.

Seria facilmente explorado em futuro próximo, pela própria imprensa israelita mundial que o levou à guerra.

Cada país que possua um tipo de riqueza que interesse aos americanos pode ser um futuro alvo numa próxima guerra. Até o Brasil com sua grande reserva de água, com uma Amazônia cujas riquezas minerais e vegetais ainda não foram totalmente medidas, poderá ser alvo desse interesse e de uma campanha bélica por parte dos Estados Unidos, já que este não acata as decisões da ONU e poderá partir para essa aventura, pouco se incomodando se estará desrespeitando as leis internacionais.

Indaguei: você falou em moeda internacional fraudada, acaso isso se refere ao dólar?

Veralgor disse: lógico que me refiro ao dólar. Desde que passou a ser utilizado como moeda padrão para o comércio internacional, em substituição à Libra Inglesa, pelos internacionalistas, começou a ser utilizado um sistema totalmente fraudulento por parte dos Estados Unidos. A moeda a ser utilizada para uso direto e interno no país tem uma emissão controlada, porém são despejadas toneladas de papel moeda americana em nível mundial, sem nenhuma correspondência com a produção interna daquele país, criando uma situação totalmente irreal. Isso passou a ser utilizado após a eliminação do lastro ouro, passando a ser utilizada a produção como lastro, após a II Grande Guerra. Na realidade, se reunissem todos os dólares existentes no mundo, apresentando-o ao Tesouro Americano, teríamos uma derrocada do poderio americano, ocorreria o caos nas relações comerciais internacionais.

Isso me interessou e perguntei: falando no caos, existe nele uma desorganização total? Veralgor explicou: como tudo no mundo, tudo é relativo, até o caos. Pois até o caos tem sua organização. Depende apenas de entender em que consiste essa organização e o quanto existe de relativo. Partindo dessa premissa, até a organização é relativa, havendo em si certa dose de desorganização.

Depois de pouco mais de 20 dias de guerra apareceu nos meios de comunicação a notícia de que Bagdá teria caído e o regime de Saddam Hussein não mais existia. Surgiram imagens de uma estátua do ditador sendo derrubada, após um soldado americano ter colocado a bandeira dos Estados Unidos sobre a cabeça da imagem, numa clara demonstração ao mundo de que aquele país havia sido tomado para o império. O soldado deve ter recebido ordem de retirar a bandeira, já que isso tornava óbvio demais o que na realidade os americanos haviam ido fazer no Oriente Médio. Foi visto também a tentativa desesperada dos americanos de provar que haviam encontrado armas químicas, apresentando um grande número de tambores de algum produto, em que se viam inscrições em árabe, e que no final foi desmascarado como um depósito de material para a lavoura. Em outra tomada apresentaram um caminhão com a alegação de que se tratava de um veículo laboratório, o que no mínimo é estúpido, e tiveram novamente o desmentido.

Diante disso Roberto procurou saber o que pensavam as duas figuras ao seu lado. Malediel argumentou: o que pudemos afirmar da guerra é que o bem sempre triunfa, e que os ditadores que não respeitavam os direitos humanos e que não seguiam a democracia fatalmente caíram. Quanto à apresentação de possíveis armas químicas e um caminhão laboratório, demonstram apenas que os americanos queriam realmente fazer uma limpeza, evitando que os futuros governantes daquela terra viessem a ter a tentação de se utilizar possíveis armas de destruição em massa que podiam ter sobrado do grande arsenal do ditador.

Veralgor falou: Malediel, estamos num ponto de nosso relacionamento em que não é mais necessário que você continue com afirmações feitas para a grande massa, e, nas quais realmente não acredita, já que a verdade é tão do meu conhecimento como do seu.

O desespero dos americanos em provar que existiam as alegadas armas de destruição em massa, demonstrava facilmente que alguns dos que faziam parte do Governo daquele país já haviam percebido a armadilha em que tinham caído. Ganharam a guerra, o que já era sabido, porém ganharam muito mais que isso, ganharam o ódio e o desejo de vingança, por terem feito uma luta sem tomarem cuidado com o povo do Iraque, chegando ao cúmulo de bombardearem escolas, universidades e hospitais.

Os iraquianos odiavam Saddam Hussein, por se tratar de um ditador que fez do culto pessoal uma forma de governo, levando para o poder toda a sua tribo. Lembro que o ditador e seu pessoal eram sunitas, minoria no Iraque, odiados pelos xiitas.

Num primeiro momento os xiitas deram apoio aos americanos e ingleses, já que foram úteis para sua intenção de derrubar os sunitas do poder, porém quando as coisas esfriarem, com um governante provisório americano, e quando viram que não chegaram ao poder, já que os invasores não eram tão idiotas de colocarem um xiita, não controlado, no poder, o ódio contra os estrangeiros recrudesceu.

Os americanos na sua ignorância e arrogância não perceberam que não podiam colocar um agente da CIA como governante naquele país dominado. Isso configurou uma afronta para aquele povo rude que já tinham dentro de si o ódio contra todos os cristãos e judeus.

Nunca mais os americanos dormiriam em paz, seu país, antes tão seguro, não mais representava uma fortaleza, mas sim um castelo de cartas que poderia ser atingido facilmente a qualquer momento.

Por meio de um presidente de religião judaico cristã, os judeus conseguiram o que queriam, retiraram de seu caminho um inimigo perigoso que os impedia de fazerem o que queriam com os palestinos. Chegou a hora de descartar o grande mastodonte americano, fazendo com que não tivesse mais tanto poder, e para tanto foram acionadas as manobras para quebrá-lo economicamente.

Durante o tempo da guerra não mais se ouviu falar do que ocorria na Palestina, e quando surgiram novas notícias o mundo soube o que foi feito, com o massacre nas sombras, mutilando-se totalmente as últimas defesas daquele povo. Por cumplicidade da imprensa mundial, durante quase um mês, a Palestina deixou de existir para o mundo.

Vimos pela televisão os saques ocorridos no Iraque, normais numa situação de caos como ocorre no momento, onde desesperados procuram obter alguma coisa que possa ser transformada em dinheiro. No entanto mesmo no caos, surgiu uma pequena notícia de saque no Museu de Bagdá, onde estavam reunidas peças de milhares de anos. Isso não era saque de desesperados, e podemos ter certeza do que estava ocorrendo no momento, o mesmo que houve na segunda grande guerra, quando alguns americanos de alta patente promoveram um grandioso saque na Europa, jogando a culpa sobre os alemães. No Iraque ocorreu o mesmo, com pessoas contratadas entre os inimigos do antigo ditador, principalmente entre os xiitas que não suportavam imagens e símbolos, estão fizeram com que saísse do Iraque uma fortuna incalculável em preciosas peças arqueológicas.

Interessante que as hienas que sempre seguem os leões aguardando a chance de se refestelarem nos restos da caçada já começavam a se manifestar com a aproximação do final da guerra do Iraque. Todos queriam participar do grande filé que seria a reconstrução de Bagdá.

O Presidente Bush que não podia deixar diminuir a tensão em seu país, para que o povo não percebesse no que havia se metido quando o elegeu, deu sinais de que estava de olho em novo inimigo, principalmente por ficar mais barato atacar algum país próximo ao Iraque, já que as tropas e material americanos já estavam na região. Dessa vez o alvo foi a Síria, acusada de dar cobertura para o terrorismo e para Saddam Hussein, além de afirmar que os sírios possuíam armas de destruição em massa.

O interessante é que todos sabem que esse país sempre foi inimigo do Iraque. Por ironia temos que rir de alguns balões de ensaio contidos nas afirmações de Bush, pois se calou quando percebeu que havia tocado em algo que não devia, como é o caso da Coréia do Norte, que tocada reagiu furiosamente e demonstrou o seu poderio, fazendo com que a grande e covarde nação do norte se encolhesse. É bem mais fácil capturar caça que não possua muitas defesas, como é o caso dos países do Oriente Médio, todos com armamento ultrapassado e com inúmeras divisões internas, em razão da própria característica de suas populações, formadas por tribos de diversas etnias, enquanto os coreanos não possuíam essa composição tribal.

Malediel falou alegremente: foi então que os americanos, principalmente seu governante, um homem amante de Deus, preferiu tomar o caminho da paz.

Veralgor disse de modo cansado: ora, Malediel, você não pode ser tão inocente. Na realidade, os americanos se desgastaram demasiado, e o Presidente Bush verdadeiramente não tinha a intenção de atacar tanto a Síria como a Coréia, e sim criar o clima de guerra, para manter seu povo sob controle. Cumprida a meta de Israel de eliminar o grande perigo para si que representava o Iraque, tinham pela frente a Síria que poderia ocupar o vazio criado com a queda do Iraque, porém esta se curvou o suficiente para lhe dar segurança. Os dois intentos foram cumpridos, a insegurança para o povo americano com a criação do clima de guerra e a eliminação do perigo para o Estado de Israel.

Com a cessação do clima de guerra, fatalmente começaram a acontecer novos atentados, e isso iria durar até o fim do Governo Bush, mesmo sendo reeleito. Tais atentados, evidentemente seriam creditados à Organização Al Qaeda, ou então a outros militantes muçulmanos.

Indaguei: e quanto ao Iraque, os americanos conseguiram manter o controle naquele país, com seu governo provisório?

Veralgor disse entredentes: mesmo com a oposição dos xiitas, conseguiram manter-se o suficiente para consolidar um governo títere. Como não existe o sentido de estado e nação entre os povos árabes, bastou conseguir o apoio de alguns líderes tribais, o que custou aos americanos muito menos do que uma guerra, e aí tiveram certeza, pelo menos por algum tempo, da fidelidade do governante que ali foi colocado.

Porém para o povo americano, a inquietação continuou, com o medo de novos atentados.

Interessante é que não se encontraram as alegadas armas de destruição em massa, assim como não se conseguiu prender o ditador deposto a não ser no final daquele ano.

Preste bem atenção. Nesse período os Estados Unidos esteve entre o estado de atenção amarelo e o laranja, sendo que este seria o que representava o perigo iminente. Isso manteve o povo sob controle, podendo as autoridades americanas praticar as maiores barbaridades do ponto de vista de violação dos direitos civis, como em nenhum período da história daquele país. Nessa prática de criar um clima de desespero e medo para o povo americano, foram criadas novas medidas, colocando na lista de suspeitos cidadãos de outros países que queriam visitar os Estados Unidos, inclusive os brasileiros.

No Natal daquele ano, de acordo com a programação de seu Ditador, o povo americano esteve num clima de alerta máximo contra possíveis atentados.

Evidentemente teria que ocorrer algum outro grande atentado em qualquer parte do mundo ou mesmo nos Estados Unidos, o que pelo menos possível, para que o Ditador se reelegesse, o que logicamente foi providenciado pelos criminosos autorizados desse governante, que tinham carta branca para fazer o que fosse necessário. Interessante que o povo americano, mantido sob controle mediante a constante ameaça de possíveis atentados, não deu ouvidos aos alertas sobre a intenção de seu presidente, tivesse promovido a sua reeleição. Como previsto, antes da eleição do presidente americano, ocorreram uma série de atentados, inclusive outro em Madrid, em sua maioria creditada à pseudoorganização Al Qaeda ou a outras que a inventiva da CIA e do Mossad nominaram, com os inevitáveis vídeos da Al Jazira mostrando Osama Bin Laden.

De imediato o presidente americano afirmou que o povo americano lhe dera crédito para fazer o que quisesse, sendo que a sua atenção atual seria eliminar da face da Terra todo e qualquer governo de opressão, indicando como possível próximo alvo o Irã, de quem os americanos mantinham um ódio extremado por terem tido uma derrota vergonhosa no período do Ayatholla Khomeini. Na realidade, os que estão no poder no governo americano, sabem que tem que manter o estado de tensão, com o medo de ataques terroristas para que o povo daquele país continue dócil.

A criação das religiões judaico-cristã

Veralgor, que demonstrava profunda irritação, comentou que na realidade os mestres judeus criaram toda uma mitologia para unir as diversas tribos de origens diversas e que tinham credos comuns, dando-lhes um patriarca comum, Abraão.

Criaram uma história fantasiosa que teria atravessado séculos, utilizando-se para tanto das tradições dos povos com que conviveram, mas como se fossem os judeus o centro. Criaram vários mitos, tais como Moisés, David, Salomão. Inclusive criaram o mito do rei mais poderoso da Terra, com o palácio mais suntuoso e o seu Templo incrível, que nunca se comprovou ter existido.

Toda a mitologia foi criada com o retorno da Babilônia, para levantar o moral do povo naquele período dos séculos VI e V a.C., quando Neemias resolveu iniciar uma conversão forçada de todas as tribos árabes ao judaísmo. Evidentemente que a conversão trouxe problemas, já que os convertidos começaram a exigir os mesmos direitos que os judeus, e estes, exclusivistas, não admitiam isso. Começou então uma elaboração primorosa que culminou com a criação do cristianismo como forma de conquista e domínio de toda uma humanidade, que deveria acreditar no Deus judaico, porém sem ter direito ao exclusivismo judeu. Durante séculos foi efetuada essa preparação e com a dispersão no ano 70 d.C., considerou-se chegada a hora da grande vingança. E não existe maior vingança do que um povo mais atrasado colonizar um povo mais avançado.

Aproveitando-se da virada da era cósmica, ocorrida aproximadamente no ano 70 a.C., que, como todos sabem, deve surgir um novo avatar, seguindo as velhas tradições, conforme os judeus haviam aprendido em suas andanças entre os velhos povos muito mais eruditos, fizeram nascer o pretenso filho de seu Deus e que teria morrido na cruz para salvar a humanidade, seguindo os ensinamentos aprendidos nas escolas gregas.

Até o século IV somente se falou no Cristo, palavra grega que quer dizer o "ungido" ou "escolhido" e somente aí criaram um nome para esse indivíduo, que pudesse ser aceito entre os povos nativos da Europa, e para tanto escolheram um dos nomes que compunham a antiga Trindade Sagrada dos Celtas, Teutatis, Esus e Taranis.

Com a subida de Constantino ao trono de Roma, sendo ele filho de uma judia, Helena da Capadócia, a quem ocultaram essa origem, passando a ser conhecida apenas como Santa Helena, utilizaram-se desse imperador para cristianizar Roma e a seguir toda a Europa, num dos mais cruéis trabalhos de colonização feitos ao longo do tempo, com mais de 1500 anos de torturas, mortes, massacres, humilhação e destruição de todo um saber muito mais profundo.

Alguns dos povos da Europa somente descobriram que não estavam cultuando um dos seus deuses muito tempo depois, como no caso dos Irlandeses e quando o descobriram foram vítimas de massacres.

A colonização da Europa, fazendo com que povos inteiros acreditassem no Deus judeu, sem serem judeus, cumprindo a maldição bíblica onde se lê que o Senhor dos Exércitos os colocaria acima de todas as nações deu tão certo que começaram outra empreitada, a colonização do restante do mundo com outra criação judaica, ou seja, o islamismo no século VII d.C.

Utilizaram-se de um oportunista facilmente conduzível, casado com uma viúva judia rica, Cadidja, 15 anos mais velha, sendo que os rabis que a cercavam fizeram com que ele cresse, ou criaram essa história, de que ouvira vozes, inclusive do Arcanjo Gabriel, que teria ditado o Alcorão. Como era analfabeto, outros fizeram o registro. Por meio da força da espada fez com que todos os povos da região se convertessem à nova fé e passassem a crer em Jeová, adotando um dos aproximadamente 3000 nomes dessa entidade – Allah – para a vitória final do judaísmo. Tal fantoche inclusive eliminou toda a religião politeísta praticada pelos árabes até então, deixando apenas a pedra negra da Caaba, que era muito venerada e sua destruição poderia gerar uma revolta muito grande. Para não perder a oportunidade e, cumprindo a determinação judaica, havia imposto aos árabes que seriam descendentes de Ismael, filho de Abraão com a escrava Agar. (Uma forma de humilhar os árabes que eram odiados pelos judeus). Ficou colocado também que a pedra negra da Caaba (lápis exillis – meteoro) era sagrada por ter sido usada por Abraão como apoio para dormir.

Como no caso do cristianismo, os judeus foram os primeiros a afirmar não acreditar naquela fé, pois sendo considerados em todas as regiões como grandes mentirosos, se afirmassem crer também naquela versão, esta seria desacreditada. Venceram os judeus mais uma vez e conseguiram que seu deus fosse venerado em todo o oriente e na Europa oriental, com a expansão iniciada por Maomé e continuada por seus herdeiros. Como o cristianismo, o islamismo interessa aos judeus, não pelo que contém as duas doutrinas, mas por trazer em sua base a crença no deus judaico – Jeová, e quem crê no deus de outrem já está com mais da metade da cabeça feita.

Os judeus sempre se arvoraram como especiais por crerem num só deus e que seriam espiritualizados, o que é totalmente falso, pois os chamados pagãos, ao crerem nas diversas manifestações do grande poder do universo, abrangem tanto o bem e o mal, enquanto os monoteístas ao escolherem uma só manifestação, no caso Jeová, o grande deus dos exércitos, escolheram apenas essa manifestação, sendo que em todas as mitologias o senhor da guerra é um dos senhores do mal. Para completar transformaram em demônio o senhor da luz, isto é, o senhor do bem, pois a tradução de portador da luz diretamente para o latim vem a ser Lux Ferens – Lúcifer.

Duas incoerências aparentes, mas que são facilmente explicáveis. Os judeus nunca foram perseguidos pela Igreja Católica, sendo guardados pelo Vaticano como povo testemunha da fé. Os poucos que foram perseguidos por religião o foram quando após ter se convertido ao cristianismo vieram a tornar a praticar os antigos cultos.

A segunda incoerência é a de se venerar o senhor dos exércitos, em que a teologia para aplacar a incredulidade decorrente, afirma que Jeová é o senhor das hostes angelicais e celestiais. No tocante ao deus da luz, os teólogos afirmam que seria o senhor das luzes dos fogos infernais que é vigoroso e forte.

Posteriormente já no século XIX, por volta de 1820, quando arqueólogos estavam comprovando as informações obtidas pelos espanhóis junto aos indígenas sobre a presença de brancos de olhos claros e barbudos que os haviam ensinado em data muito anterior à chegada dos conquistadores, devido ao encontro de sinais, pedras e restos de construções celtas, bascas e normandas, para não perderem a bola da vez, os judeus, a partir de seus teleguiados cristãos fundamentalistas que criam veementemente no velho testamento, vieram a criar o mormonismo.

O mormonismo, independentemente de sua doutrina, que em nada interessa aos judeus, afirma que judeus fugidos da Babilônia foram trazidos para a América pelos fenícios, e que estes ensinaram o que sabiam aos indígenas e aqui estiveram até por volta de 1400 d.C., quando desapareceram. No mormonismo são denominados de jareditas. Os mormons, com seus profetas semi-imbecilizados nunca pararam para perceber um erro em suas afirmações, e que a possível presença de judeus na América não justificaria os homens loiros e de olhos claros, com cabeleiras e barbas loiras e ruivas, pois os judeus ashkennazis, com essas características surgiram somente após cruza programada de mulheres judias com os bárbaros khazars. Eles, judeus, não podiam deixar que os outros povos viessem a saber que seus escritos poderiam estar apresentando dados não verdadeiros.

E a questão social? — perguntei aos meus dois interlocutores.

Malediel afirmou — O tratamento aos pobres e desafortunados está na raiz do pensamento cristão, tanto que se afirma que dos pobres será o reino dos céus. Nem você Veralgor pode afirmar algo contrário a essa doutrina.

Veralgor deu uma risada estrondosa e começou — essa doutrina tem duas leituras. Uma a que você deu, simplista, de que apenas os pobres alcançarão as dádivas divinas e outra é que a igreja desde a sua fundação pretendia deixar os pobres e dominados sem poderem interferir no seu destino e para isso procurou mantê-los nesse estado, e que ficassem aguardando a morte para obter o que lhes era prometido.

Com o progresso material dos povos, desenvolveram-se políticas sociais, porém ao invés de serem desenvolvidas para dar uma segurança e apoio ao crescimento material, e desenvolvimento da mente e espirito dos mais carentes, o que se viu foi uma insidiosa manipulação para que as classes mais necessitadas se acostumassem a ser chamadas de "coitadinhas", corrompendo-as ao ponto de perderem toda a dignidade e aceitarem "esmolas" e passando a depender dessa "ajuda" e acreditando que realmente são merecedoras de serem mantidas e sustentadas pelas outras classes sociais, mantendo-se numa inércia e perdendo o interesse em uma melhoria real, já que conseguem o suficiente para sobreviver.

Henry Maksoud, titular da revista Visão a partir de 1974, dizia em um seu programa de televisão Henry Maksoud e você, em fins da década de 1980 e meados de 1990, afirmava que sempre que ouvia a frase "justiça social" encontrava uma grande injustiça, ou seja, a opressão feita pelo governo contra a camada social que realmente produzia, sangrando-a com o intuito de manter toda uma massa que era conduzida à inércia mental e à procriação desenfreada, o que só interessa aos exploradores da miséria humana.

DESPEDIDA E ÚLTIMAS PALAVRAS DO PROFESSOR

Estranhei que desde algum tempo meus dois companheiros estavam mais calados, não existindo mais as disputas intelectuais e discussões sobre quase todos os temas, e como não diziam o que ocorria, resolvi perguntar.

Malediel se aproximou e falou: encontro-me triste, mas tenho que lhe falar Roberto. Na realidade você já se acostumou conosco e não mais se pergunta sobre a razão de nossa presença. Não se questiona mais sobre o que fazemos em sua companhia, e o fato de que somente você é capaz de nos perceber. Considero que já é tempo de o deixarmos continuar sua vida sozinho. Não temos mais nada a lhe transmitir ou a ensinar, sua mente agora deve ser seu guia. Espero que consiga acionar a sua mente. Lembre-se, durante nosso contato falei muito pouco, pois não pretendia convencê-lo, ao contrário do que sempre faço, já que as mentiras passam a valer como verdades pela sua repetição e seu modo despudorado de se apresentarem como verdades. No nosso contato apenas tive a intenção de instruí-lo e fazer contraponto a Veralgor.

Tenho consciência de que é chegada a hora do Dragão, de quem sempre tive o maior pavor, já que a sua presença representa minha saída de cena. No entanto não tenho poder de impedir que ele possa ser acordado.

Você, como seu antigo avô, perdeu o Paraíso muito cedo, já que este foi feito para os inocentes, não por não terem pecado, mas sim por não conseguirem entender e transformar sua realidade. O homem só será pobre, se for pouco dotado quanto ao conhecimento, estará com seu lugar garantido no paraíso, já que para lá somente vão os pobres de espírito.

Veralgor acrescentou tristemente: Roberto, meu bom amigo, nós dois somos apenas a vibração de sua energia, sendo nossa corporificação criação de sua mente, somos a representação da sua busca incessante pelo conhecimento, que o levará a verdade "A verdade que vos libertará", isso desde muito jovem, numa luta mental entre o que lhe era ensinado no dia a dia e o que você elaborava mentalmente. Somos resultantes dessa sua luta interna pela busca da verdade, procurando encontrar em tudo que lhe é transmitido a verdade real e não aquela que querem fazê-lo crer. Nesse ponto você está muito igual ao que o seu velho avô era quando o conheceu, conseguindo ver o que existe escondido atrás de todas as informações que lhe chegam.

Estamos indo embora, mas não lamente nossa ida, já que ela é mais benéfica para você do que imagina.

Grave sempre em sua consciência, nenhuma divindade ou entidade espiritual é capaz de concretizar alguma coisa por si só, necessitando sempre do servilismo do homem.

O verdadeiro Deus não necessita de culto ou que o reconheçam como Deus, e se exigir que lhe prestem culto e obediência, nunca será Deus e sim qualquer entidade maligna, verdadeira ou criada por homens sedentos de poder.

Todas as criaturas das legendas, anjos, duendes, gnomos, fadas e pequenas divindades, são meramente símbolos de manifestações da energia da natureza, cujas forças são sentidas, mas não corporizadas e personificadas. Assim também somos nós, eu a corporificação da verdade nua e crua e Malediel a da mentira, algumas vezes maldosa e interesseira e outras até bondosas, apenas para evitar que os homens se choquem com a dureza da verdade.

Malediel lembrou-se do Dragão, esse símbolo maior que foi adulterado pelo Cristianismo, transformado em algo diabólico, quando na realidade era simplesmente a representação do grande conhecimento, do saber verdadeiro. Os santos cristãos nunca conseguiram matar o Dragão, o muito que fizeram foi fazê-lo adormecer, e é realmente chegada a sua hora de acordar do longo sono em que esteve.

Poucos serão os que verão o Dragão, e os que dele tomarem conhecimento por meio de outros, não o entenderão e evidentemente a grande maioria o repudiará como algo maligno.

O conhecimento e a verdade sempre são repudiados pelos que os desconhecem, mas só a verdade libertará o homem. Lembre-se bem, o homem só é livre se tiver uma mente livre.

Últimas Palavras de Veralgor

Logo após a introdução do Cristianismo na Europa, um dos mestres judaicos arvorado na posição de Bispo da nova crença, conversando com um dos últimos velhos druidas, sacerdote celta, desprezado pelo judeu como sendo um mero pagão, este fez uma simples pergunta ao homem do deserto: você sabe a diferença entre um sábio e um louco? O outro disse que não, ao que o Druida respondeu que era muito simples: "Um louco é um sábio inconsciente e o sábio é um louco consciente". **Eu não sou o louco.**

– Estamos em julho de 2020, hoje o mundo inteiro encontra-se aterrorizado, fechado em suas casas, por medo de um inimigo dito como letal. A humanidade com medo, não consegue fazer memória da situação mundial antes da ordem de recolhimento imposta ao mundo. Em respeito a todos aqueles que perderam suas vidas, não farei especulações no momento... porém, prestem a atenção, nada do que nos é e transmitido está totalmente livre de alguma manipulação. O Tempo trás sempre as melhores respostas...

A Alquimia do Caos
Telma Souza e Roberval Fernandes